NOUVELLE
GRAMMAIRE LATINE
EN TABLEAUX,

Par M. DE NURIS, ANCIEN

PROFESSEUR DE PHILOSOPHIE ET MEMBRE DES ACADÉMIES DE ...
DE FLORENCE

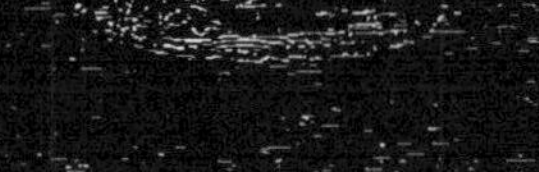

PRIX : 3 FRANCS

BLOIS

IMPRIMERIE D'ANGE FOURNIER, Imprimeur-Lou...
RUE ..., 72.

18..

NOUVELLE
GRAMMAIRE LATINE
EN TABLEAUX.

NOUVELLE

GRAMMAIRE LATINE

EN TABLEAUX;

Par M. DE NIGRIS, ITALIEN,

PROFESSEUR DE PHILOSOPHIE ET MEMBRE DES ACADÉMIES DE ROME ET
DE FLORENCE.

ELBEUF

IMPRIMERIE D'Amédée FOURNIER, Imprimeur-Libraire,
RUE ROYALE, 77.

1839.

AVANT-PROPOS.

La première question que je me suis proposée dans cet ouvrage, regarde l'étendue du plan. Les différences entre le latin et le français sont trop nombreuses pour être présentées à l'élève toutes à la fois; il faut qu'elles soient partagées entre la grammaire et le dictionnaire, et de telle sorte que la première n'excéde pas la mesure d'un livre élémentaire; car, elle doit seulement commencer la route qu'il appartient au dictionnaire d'achever. Quelle sera cette mesure ? Quelle sera la ligne de démarcation qui doit distinguer ces deux ouvrages si étroitement liés, et qui ne forment qu'un seul corps de lois ? Voilà la difficulté que tout bon grammairien doit résoudre.

Or, les lois sur les différences qui existent entre deux langues, peuvent être envisagées sous deux points de vue; lois générales qui dominent constamment dans le discours, parce qu'elles accompagnent une certaine classe de mots dans toutes les circonstances, dans toutes les combinaisons, et lois particulières qui ne regardent que des cas tout-à-fait isolés, des phrases arrangées d'une manière déterminée. Voilà donc une distinction qui sépare les matériaux de deux livres différens, et fixe pour la grammaire un nombre de principes qui répond parfaitement à la nature d'un ouvrage élémentaire. Elle ne doit exposer que les théories les plus générales, en indiquer même les exceptions, mais d'une manière sommaire, et laisser tous les détails et les cas isolés au dictionnaire.

Sous ce point de vue, je crois que les gallicismes, tant par leur nature que par leur vaste étendue, ne doivent pas entrer dans le plan d'une grammaire latine, qui par elle même est déjà assez compliquée ; d'ailleurs ils sont tous traduits dans le dictionnaire avec le plus grand détail; les élèves pourront donc les chercher lorsqu'ils devront faire de longues compositions en latin; d'un autre côté les grammairiens qui ont abordé cette matière, n'ont exposé dans leurs grammaires qu'une fraction de ces locutions.

Quant aux irrégularités des noms, des adjectifs et des verbes, dont la connaissance est d'une si haute importance, ces mots sont si nombreux qu'ils ne peuvent tous entrer dans le cadre d'un ouvrage élémentaire; car, outre les verbes irréguliers que l'on trouve dans les grammaires ordinaires, il y en a une foule qui sont irréguliers au parfait et au supin, et d'autres encore qui manquent entièrement de leurs temps passés, de leurs supins, de leurs participes futurs, etc. pour lesquels il faut avoir recours à différentes locutions.

Dans l'intérêt des élèves, je pense qu'il vaut beaucoup mieux s'occuper d'une manière toute particulière de ces espèces de mots dans un ouvrage séparé, au lieu d'en présenter une fraction qui complique les premiers élémens sans atteindre le but.

Je donnerai donc à la suite de cette grammaire, un traité complet des irrégularités des noms, des adjectifs et des verbes.

En outre j'espère pouvoir donner bientôt au public une grammaire latine raisonnée, dans laquelle, à l'aide de la philosophie, j'envisagerai les lois de la syntaxe sous un jour différent.

PLAN GÉNÉRAL DE L'OUVRAGE.

Les mots conservent la même nature dans toutes les langues ; c'est un principe fondamental de l'idéologie ; car, la pensée, égale dans tous les hommes, est la base de tout idiome ; ce qui est pronom ou verbe en français, doit nécessairement l'être aussi en latin. Ce sont les lois auxquelles les mots sont soumis, dans l'enchaînement du discours, qui diffèrent entre une langue et une autre, et qui doivent être le sujet d'une grammaire comparative. Sous ce point de vue, je ne répéterai pas aux élèves de langue latine ce qu'ils ont mille fois entendu de leurs maîtres de langue française, c'est-à-dire ce que c'est que le *nom*, le *pronom*, l'*adjectif*... etc.; mais allant tout droit au but, j'exposerai, dans chaque partie du discours, les seules différences qui existent entre le français et le latin.

NOMS.

1   Dans la langue latine il n'y a pas d'articles. Les noms changent leurs désinences selon les circonstances; ces désinences s'appellent *cas*, c'est-à-dire, cadences.

2   Ils présentent six désinences différentes dans le singulier, et autant dans le pluriel.

3   Dans les deux nombres, la 1ᵉʳᵉ désinence s'appelle nominatif, la 2ᵐᵉ génitif, la 3ᵐᵉ datif, la 4ᵐᵉ accusatif, la 5ᵐᵉ vocatif, la 6ᵐᵉ ablatif.

4   Tous les noms ne subissent pas les mêmes variations dans leurs dernières syllabes; cela tient au génie de la langue latine que le goût des bons écrivains a déterminé.

5   En les classant par analogie de désinences, on a fixé cinq ordres principaux que les grammairiens appellent déclinaisons.

6   C'est la désinence du génitif qui décide de la déclinaison à laquelle un nom appartient.

7   On est convenu que les noms qui ont le génitif singulier en *æ* forment la 1ʳᵉ déclinaison : ceux qui l'ont en *i* forment la 2ᵐᵉ; ceux qui l'ont en *is* forment la 3ᵐᵉ; ceux qui l'ont en *us* forment la 4ᵐᵉ; ceux qui l'ont en *e* forment la 5ᵐᵉ.

8   Les désinences que j'ai détachées doivent se joindre aux racines de tous les noms réguliers. Pour trouver cette racine, qui est invariable, on n'a qu'à ôter du génitif de chaque nom *æ* pour la première déclinaison; *i* pour la 2ᵐᵉ; *is* pour la 3ᵐᵉ; *us* pour la 4ᵐᵉ; *ei* pour la 5ᵐᵉ.

TABLEAU DES CINQ DECLINAISONS.

NOMS MASCULINS ET FÉMININS.

1re DÉCLINAISON.

S.	Nominatif.	*Mus-a*,	la muse,
	Génitif.	*Mus-æ*,	de la muse,
	Datif.	*Mus-æ*,	à la muse,
	Accusatif.	*Mus-am*,	la muse,
	Vocatif.	ô *Mus-a*,	ô muse,
	Ablatif.	*Mus-â*,	de la muse,
P.	Nominatif.	*Mus-æ*,	les muses,
	Génitif.	*Mus-arum*,	des muses,
	Datif.	*Mus-is*,	aux muses,
	Accusatif.	*Mus-as*,	les muses,
	Vocatif.	ô *Mus-æ*,	ô muses,
	Ablatif.	*Mus-is*,	des muses.

2me DÉCLINAISON.

S.	Nominatif.	*Ocul-us*,	l'œil,
	Génitif.	*Ocul-i*,	de l'œil,
	Datif.	*Ocul-o*,	à l'œil,
	Accusatif.	*Ocul-um*,	l'œil,
	Vocatif.	ô *Ocul-e*,	ô œil,
	Ablatif.	*Ocul-o*,	de l'œil,
P.	Nominatif.	*Ocul-i*,	les yeux,
	Génitif.	*Ocul-orum*,	des yeux,
	Datif.	*Ocul-is*,	aux yeux,
	Accusatif.	*Ocul-os*,	les yeux,
	Vocatif.	ô *Ocul-i*,	ô yeux,
	Ablatif.	*Ocul-is*,	des yeux.

3me DÉCLINAISON.

S.	Nominatif.	*Labor*,	le travail,
	Génitif.	*Labor-is*,	du travail,
	Datif.	*Labor-i*,	au travail,
	Accusatif.	*Labor-em*,	le travail,
	Vocatif.	ô *Labor*,	ô travail,
	Ablatif.	*Labor-e*.	du travail,
P.	Nominatif.	*Labor-es*,	les travaux,
	Génitif.	*Labor-um*,	des travaux,
	Datif.	*Labor-ibus*,	aux travaux,
	Accusatif.	*Labor-es*,	les travaux,
	Vocatif.	ô *Labor-es*,	ô travaux,
	Ablatif.	*Labor-ibus*,	des travaux.

4me DÉCLINAISON.

S.	Nominatif.	*Spirit-us*,	l'âme,
	Génitif.	*Spirit-ûs*,	de l'âme,
	Datif.	*Spirit-ui*,	à l'âme,
	Accusatif.	*Spirit-um*,	l'âme,
	Vocatif.	ô *Spirit-us*,	ô âme,
	Ablatif.	*Spirit-u*,	de l'âme,
P.	Nominatif.	*Spirit-us*,	les âmes,
	Génitif.	*Spirit-uum*,	des âmes,
	Datif.	*Spirit-ibus*,	aux âmes,
	Accusatif.	*Spirit-us*,	les âmes,
	Vocatif.	ô *Spirit-us*,	ô âmes,
	Ablatif.	*Spirit-ibus*.	des âmes.

5me. DÉCLINAISON.

S.	Nominatif.	*Di-es*,	le jour,
	Génitif.	*Di-ei*,	du jour,
	Datif.	*Di-ei*,	au jour,
	Accusatif.	*Di-em*,	le jour,
	Vocatif.	ô *Di-es*,	ô jour,
	Ablatif.	*Di-e*,	du jour,
P.	Nominatif.	*Di-es*,	les jours,
	Génitif.	*Di-erum*,	des jours,
	Datif.	*Di-ebus*,	aux jours,
	Accusatif.	*Di-es*,	les jours,
	Vocatif.	ô *Di-es*,	ô jours,
	Ablatif.	*Di-ebus*.	des jours.

Décliner ces noms selon leurs déclinaisons respectives.

1re DÉCLINAISON.
poeta poet-æ, le poéte.
nauta naut-æ, le marinier.

2me DÉCL.
lupus lup-i, le loup.
pópulus popul-i, le peuple.

3me DÉCL.
dolor dolor-is, la douleur.
miles milit-is, le soldat.

4me DÉCL.
sensus sens-ûs, le sens.
gradus grad-ûs, le degré.

5me DÉCL.
species speci-ei, la forme.
facies faci-ei, le visage.

NOMS NEUTRES.

1   Outre les deux genres masculin et féminin, les latins avaient le neutre. Ce troisième genre, inconnu dans la langue française, donne à certains noms une nuance dans leur déclinaison.

2   Les noms neutres n'appartiennent qu'à la 2ᵐᵉ, à la 3ᵐᵉ et à la 4ᵐᵉ déclinaison.

3   Dans les noms neutres, le nominatif, l'accusatif et le vocatif, tant au singulier qu'au pluriel, sont toujours semblables, et ces trois *cas*, au pluriel, sont toujours terminés en *a*.

4   Les noms neutres de la 4ᵐᵉ déclinaison ne subissent aucun changement dans tous les cas du singulier; dans le pluriel ils se déclinent.

		2ᵐᵉ DÉCLINAISON.		3ᵐᵉ DÉCLINAISON.	
S.	Nominatif.	*exempl-um,*	l'exemple,	*tempus,*	le temps,
	Génitif.	*exempl-i,*	de l'exemple,	*tempor-is,*	du temps,
	Datif.	*exempl-o,*	à l'exemple,	*tempor-i,*	au temps,
	Accusatif.	*exempl-um,*	l'exemple,	*tempus,*	le temps,
	Vocatif.	ô *exempl-um,*	ô exemple,	ô *tempus,*	ô temps,
	Ablatif.	*exempl-o,*	de l'exemple,	*tempor-e,*	du temps,
P.	Nominatif.	*exempl-a,*	les exemples,	*tempor-a,*	les temps,
	Génitif.	*exempl-orum,*	des exemples,	*tempor-um,*	des temps,
	Datif.	*exempl-is,*	aux exemples,	*tempor-ibus,*	aux temps,
	Accusatif.	*exempl-a,*	les exemples,	*tempor-a,*	les temps,
	Vocatif.	ô *exempl-a,*	ô exemples,	ô *tempor-a,*	ô temps,
	Ablatif.	*exempl-is.*	des exemples.	*tempor-ibus.*	des temps.

4ᵐᵉ DÉCLINAISON.

S.	Nominatif.	*genu,*	le genou,	
	Génitif.	*genu,*	du genou,	2ᵐᵉ.
	Datif.	*genu,*	au genou,	*templum-i,* le temple.
	Accusatif.	*genu,*	le genou,	*bellum-i,* la guerre.
	Vocatif,	*genu,*	ô genou,	3ᵐᵉ.
	Ablatif.	*genu,*	du genou,	
P.	Nominatif.	*gen-ua,*	les genoux,	*corpus, corporis,* le corps.
	Génitif.	*gen-uum,*	des genoux,	*vulnus, vulneris,* la blessure.
	Datif.	*gen-ibus,*	aux genoux,	4ᵐᵉ.
	Accusatif.	*gen-ua,*	les genoux,	*cornu,* la corne.
	Vocatif.	*gen-ua,*	ô genoux,	*tonitru,* le tonnerre.
	Ablatif.	*gen-ibus.*	des genoux.	

Déclinez ces noms selon leurs modèles respectifs.

ADJECTIFS.

L'adjectif s'accorde en français en genre et en nombre avec son substantif; par cette raison, il a ordinairement deux formes dans le singulier, et autant dans le pluriel. Exemple : bon, bonne, bons, bonnes.

En latin, il ne suffit pas que l'adjectif ait quatre formes différentes, pour qu'il puisse être d'accord avec le substantif dans toutes les circonstances. Le substantif latin a six *cas* dans le singulier et autant dans le pluriel : il faut donc que l'adjectif subisse la même loi, c'est-à-dire, qu'il ait aussi sa déclinaison, pour s'accorder dans le *cas* avec le substantif auquel il appartient.

Il y a de plus, en latin, des substantifs de genre neutre ; il est donc nécessaire que l'adjectif ait aussi une désinence analogue ; car le principe, c'est que tout adjectif doit s'accorder avec son substantif dans le genre, dans le nombre et dans le cas.

Voilà pourquoi les adjectifs latins ont, en général, une marche plus compliquée que les substantifs.

Il y a pourtant des adjectifs qui, comme en français, s'emploient au masculin et au féminin, et quelquefois au neutre.

TABLEAU DES ADJECTIFS.

Sous le rapport de la déclinaison, les adjectifs peuvent être divisés en deux classes.

Les adjectifs terminés en *us*, et plusieurs de ceux qui finissent en *er*, forment la première classe, et ils suivent les deux premières déclinaisons.

Tous les autres adjectifs, soit qu'ils se terminent en *er*, ou de toute autre manière, forment la deuxième classe, et ils suivent la troisième déclinaison.

	M.	**F.**	**N.**	
	BON.	BONNE.	BON.	
N. S.	bon-us,	bon-a,	bon-um,	
G.	bon-i,	bon-æ,	bon-i,	
D.	bon-o,	bon-æ;	bon-o,	
Ac.	bon-um,	bon-am,	bon-um,	
V.	ô bon-e,	ô bon-a,	ô bon-um,	Tous les adjectifs en *us* se
Ab.	bon-o,	bon-a,	bon-o,	déclinent comme *bonus*.
N. P.	bon-i,	bon-æ,	bon-a,	
G.	bon-orum,	bon-arum,	bon-orum,	*magnus, a-um*, grand.
D.	bon-is,	bon-is,	bon-is,	*doctus, a-um*, savant.
Ac.	bon-os,	bon-as,	bon-a,	
V.	ô bon-i,	ô bon-æ,	ô bon-a,	
Ab.	bon-is.	bon-is.	bon-is,	

	BEAU.	BELLE.	BEAU.	
N. S.	pulcher,	pulchr-a,	pulchr-um,	
G.	pulchr-i,	pulchr-æ,	pulchr-i,	
D.	pulchr-o,	pulchr-æ,	pulchr-o,	
Ac.	pulchr-um,	pulchr-am,	pulchr-um,	Tous les adjectifs en *er* de
V.	ô pulcher,	ô pulchr-a,	ô pulchr-um,	la 2ᵐᵉ déclinaison se décli-
Ab.	pulchr-o,	pulchr-a,	pulchr-o,	nent comme *pulcher*.
N. P.	pulchr-i,	pulchr-æ,	pulchr-a,	
G.	pulchr-orum.	pulchr-arum,	pulchr-orum,	*asper-a-um*, âpre.
D.	pulchr-is,	pulchr-is,	pulchr-is,	*niger-gra-grum*, noir.
Ac.	pulchr-os,	pulchr-as,	pulchr-a.	
V.	ô pulchr-i,	ô pulchr-æ,	ô pulchr-a,	
Ab.	pulchr-is.	pulchr-is.	pulchr-is.	

CELEBER — CÉLÈBRE.

	M.	**F.**	**N.**	
N. S.	celeber,	celebris,	celebre,	Tous les adjectifs de la
G.	celebris,	celebris,	celebris,	3ᵐᵉ déclinaison se déclinent
D.	celebri,	celebri,	celebri,	comme *celeber*.
Ac.	celebrem,	celebrem,	celebre,	
V.	ô celeber,	ô celebris,	ô celebre,	*saluber-bris*, salutaire.
Ab.	celebri.	celebri.	celebri.	*acer-acris*, vif.

	M. F.		**N.**	
N. P.	celebres,		celebria,	EXCEPT. *pauper*, pauvre.
G.	celebrium,		celebrium,	*uber*, fertile.
D.	celebribus,		celebribus,	*degener*, dégénéré.
Ac.	celebres,		celebria,	Ces trois adjectifs de la
V.	ô celebres,		ô celebria,	3ᵐᵉ déclinaison ont, comme
Ab.	celebribus.		celebribus.	*Felix*, une seule terminaison pour tous les genres.

FORTIS—FORT.

	M. F.		**N.**
N. S.	fortis,		forte,
G.	fortis,		fortis,
D.	forti,		forti,
Ac.	fortem,		forte,
V.	ô fortis,		ô forte,
Ab.	forti.		forti.

Tous les adjectifs en *is* se déclinent comme *fortis*.

utilis, utile.
facilis, facile.

	M. F.		**N.**
N. P.	fortes,		fortia,
G.	fortium,		fortium,
D.	fortibus,		fortibus,
Ac.	fortes,		fortia,
V.	ô fortes,		fortia,
Ab.	fortibus.		fortibus.

Ces deux espèces d'adjectifs ci-dessus, en *er* et en *is*, qui sont de la troisième déclinaison, et dont le nominatif neutre est en *e*, ont l'ablatif singulier en *i*, afin que l'on puisse distinguer ces deux cas.

FELIX, HEUREUX.

		M. et F.	**N.**
S.	Nominatif.	felix,	felix,
	Génitif.	felicis,	felicis,
	Datif.	felici,	felici,
	Accusatif.	felicem,	felix,
	Vocatif.	ô felix,	felix,
	Ablatif.	felici.	felici.

		M. F.	**N.**
P.	Nominatif.	felices,	felicia,
	Génitif.	felicium,	felicium,
	Datif.	felicibus,	felicibus,
	Accusatif.	felices,	felicia,
	Vocatif.	felices,	felicia,
	Ablatif.	felicibus.	felicibus.

Tous les adjectifs de la 3ᵐᵉ déclinaison, qui ne finissent ni en *er* ni en *is*, se déclinent comme *Felix*, quelle que soit leur terminaison.

Velox, prompt.	*Prudens*, prudent.	*Præceps*, précipité.
Amans, aimant.	*Dives*, riche.	*Iners*, oisif.

Ces adjectifs, qui n'ont pas le nominatif neutre en *e*, peuvent avoir l'ablatif singulier en *e* ou en *i*. Ainsi, on peut dire *felice et felici*; *atroce et atroci*; *divite et diviti*. Plusieurs pourtant l'ont seulement en *e* comme *pauper, senex, hospes*, qui font *paupere, sene, hospite*. Il en est de même des participes en *ans* et en *ens*, surtout dans les ablatifs absolus. Exemp : *augusto regnante* et non pas *regnanti*.

Les adjectifs latins subissent encore d'autres modifications dans leurs désinences.

Le comparatif de supériorité, ainsi que le superlatif, se rendent en latin par un seul mot, en changeant la finale de l'adjectif.

Ainsi, pour dire plus beau, on dit *pulchrior*; très beau ou le plus beau *pulcherrimus*.

Les comparatifs n'ont que deux désinences au nominatif; la première pour le masculin et féminin; la 2me pour le neutre.

Les superlatifs en ont trois pour les trois genres.

En ajoutant la syllabe *or* au cas de l'adjectif terminé en *i*, on a le comparatif masculin et féminin; en ajoutant *us* au même cas, on a le comparatif neutre.

Ainsi, du génitif *pulchri*, on formera *pulchrior* masculin et féminin, et *pulchrius* neutre; du datif *gravi*, on formera *gravior* masculin et féminin et *gravius* neutre.

Pour le superlatif, on ajoute les finales *ssimus*, *ssima*, *ssimum* au même cas de l'adjectif terminé en *i*. Ainsi, du génitif *docti*, on aura *doctissimus-a-um;* du datif *nobili*, on aura *nobilissimus-a-um*.

Les comparatifs, ainsi que les superlatifs ont leurs déclinaisons.

Tous les comparatifs suivent la 3me déclinaison.

Les superlatifs suivent les deux premières déclinaisons, comme *bonus*, *bona*, *bonum*.

Nota. Les adjectifs qui finissent par *us*, et qui ont devant l'*u* une autre voyelle comme *arduus*, *assiduus*, *egregius*, n'ont ni comparatif, ni superlatif. Dans ce cas, on met devant le positif, *magis* pour le comparatif, et *maxime* pour le superlatif. On trouve pourtant dans les auteurs du bon siècle, *assiduior*, *exiguissima*, *strenuissima*.

COMPARATIFS.

Pulchrior et *pulchrius,* plus beau.   *Gravior* et *gravius,* plus pesant.

	M. F.	**N.**	**M. F.**	**N.**
N. S.	pulchrior,	pulchrius,	gravior,	gravius,
G.	pulchrioris,	pulchrioris,	gravioris,	gravioris,
D.	pulchriori,	pulchriori,	graviori,	graviori,
Ac.	pulchriorem,	pulchrius,	graviorem,	gravius,
V.	ô pulchrior,	ô pulchrius,	ô gravior,	ô gravius,
Ab.	pulchriore.	pulchriore.	graviore.	graviore.
N. P.	pulchriores,	pulchriora,	graviores,	graviora,
G.	pulchriorum,	pulchriorum,	graviorum,	graviorum,
D.	pulchrioribus,	pulchrioribus,	gravioribus,	gravioribus,
Ac.	pulchriores,	pulchriora,	graviores,	graviora,
V.	ô pulchriores,	ô pulchriora,	ô graviores,	ô graviora,
Ab.	pulchrioribus.	pulchrioribus.	gravioribus.	gravioribus.

La terminaison en *or* se décline sur *labor.*

La terminaison en *us* se décline sur *tempus.*

L'ablatif singulier des comparatifs peut aussi se terminer en *i*, mais ordinairement il finit en *e.*

SUPERLATIFS.

Doctissimus, très savant.   *Fortissimus,* très fort.

	M.	**F.**	**N.**	**M.**	**F.**	**N.**
N. S.	doctissimus,	a	um,	fortissimus,	a	um,
G.	doctissimi,	æ	i,	fortissimi,	æ	i,
D.	doctissimo,	æ	o,	fortissimo,	æ	o,
Ac.	doctissimum,	am	um,	fortissimum,	am	um,
V.	ô doctissime,	a	um,	ô fortissime,	a	um,
Ab.	doctissimo.	a	o.	fortissimo.	a	o.
N. P.	doctissimi,	æ	a,	fortissimi,	æ	a,
G.	doctissimorum,	arum	orum,	fortissimorum,	arum	orum,
D.	doctissimis,	is	is,	fortissimis,	is	is,
Ac.	doctissimos,	as	a,	fortissimos,	as	a,
V.	ô doctissimi,	æ	a;	ô fortissimi,	æ	a,
Ab.	doctissimis,	is	is.	fortissimis.	is	is.

Pour donner plus de force au superlatif, les latins y ajoutent quelquefois *multo* ou *quam.*

EXEMPLE : *quam maximus,* le plus grand que l'on puisse imaginer.

multo jucundissimus, le plus agréable que l'on puisse dire.

SUPERLATIFS IRRÉGULIERS.

Pour les adjectifs en *er* on forme le superlatif en ajoutant *rimus* au nominatif masculin.

Pulcher		Pulcherrimus
Celeber		Celeberimus
Saluber	*Superlatifs.*	Saluberrimus
Niger		Nigerrimus
Celer		Celerrimus

Quelques adjectifs terminés en *lis* ont leur superlatif en *illimus*.

facilis		facillimus
difficilis		difficillimus
humilis	*superlatifs.*	humillimus
similis		simillimus
gracilis		gracillimus
imbecillis		imbecillimus

utilis fait *utilissimus.*

TABLEAUX.

DES PRONOMS ET DES PRONOMS-ADJECTIFS.

	Ego, je ou moi.	*Tu,* tu ou toi.	*Sui,* de soi.
N. S.	ego,	tu,	
G	meî,	tuî,	sui,
D	mihi,	tibi,	sibi,
Ac.	me,	te,	se,
V.		ô tu,	
Ab.	me,	te,	se.
N. P.	nos,	vos,	
G.	nostrûm *ou* nostrî,	vestrûm *ou* vestri,	*Ce pronom réfléchi*
D.	nobis,	vobis,	*sert, comme en fran-*
Ac.	nos,	vos,	*çais, au masc. et au*
V.		ô vos,	*fém. au singulier*
Ab.	nobis.	vobis.	*et au plur.*

MEUS-A-UM,   *TUUS-A-UM,*   *SUUS-A-UM,*
Mon ou *le mien.*   **ton** ou *le tien.*   **Son** ou *le sien.*

Ces trois personnes se déclinent comme *bonus-a-um.*

Meus fait *mi* au voc. sing. masc.
Tuus et *suus* n'ont pas de vocatif.

NOSTER-RA-RUM,   *VESTER-RA-RUM,*
Nôtre ou le nôtre.   vôtre ou le vôtre.

	M.	F.	N.	M.	F.	N.
N. S.	noster,	nostra,	nostrum.	vester,	vestra,	vestrum.
G.	nostri,	nostræ,	nostri.	vestri,	vestræ,	vestri.
D.	nostro,	nostræ,	nostro.	vestro,	vertræ,	vestro.
Ac.	nostrum,	nostram,	nostrum.	vestrum,	vestram,	vestrum.
V.	ô noster,	ô nostra,	ô nostrum.	. . . . .	. . . . .	. . . . .
Ab.	nostro,	nostra,	nostro.	vestro,	vestra,	vestro.
N. P.	nostri,	nostræ,	nostra.	vestri,	vestræ,	vestra.
G.	nostrorum,	nostrarum,	nostrorum.	vestrorum,	vestrarum,	vestrorum.
D. et Abl.	nostris ,	*de tout genre.*		vestris ,	*de tout genre.*	
Ac.	nostros,	nostras,	nostra.	vestros,	vestras,	vestra.
V.	ô nostri,	ô nostræ,	ô nostra.	. . . . .	. . . . .	. . . . .

HIC,   HÆC,   HOC,   *ILLE,   ILLA,   ILLUD.*
Celui-ci, celle-ci, cela,   celui-là, celle-là   cela.

	M.	F.	N.	M.	F.	N.
N. S.	hic,	hæc,	hoc,	ille,	illa,	illud,
G.	hujus	*de tout genre.*		illius	*de tout genre.*	
D.	huic			illi		
Ac.	hunc,	hauc,	hoc,	illum	illam,	illud,
Ab.	hoc,	hâc,	hoc;	illo,	illâ,	illo,
N. P.	hi,	hæ,	hæc,	illi,	illæ,	illa,
G.	horum,	harum,	horum.	illorum	illarum	illorum
D. et Ab.	his ,	*de tout genre.*		illis	*de tout genre.*	
Ac.	hos,	has,	hæc.	illos	illas,	illa.

Déclinez sur *ille* les suivans.

iste,	ista,	istud.	nullus,	nulla,	nullum.
ipse,	ipsa,	ipsum.	unus,	una,	unum.
alius,	alia,	aliud.	solus,	sola,	solum.
alter,	altera,	alterum.	uter,	utra,	utrum.
totus,	tota,	totum.	alteruter,	alterutra,	alterutrum.
ullus,	ulla,	ullum.	neuter,	neutra.	neutrum.

Uterque, se décline comme *uter*, en ajoutant à chaque syllabe *que*.

IS.   EA.   ID.   IDEM. EADEM. IDEM.

il.   *elle.*   *cela.*   *le même.*   *la même.*   *le même.*

	M.	**F.**	**N.**	**M.**	**F.**	**N.**
N. S.	is,	ea,	id,	idem,	eadem,	idem.
G.	ejus,		*de tout genre.*	ejusdem		*de tout genre.*
D.	ei,			eidem		
Ac.	eum,	eam,	id,	eumdem,	eamdem,	idem.
Ab.	eo,	eâ,	eo,	eodem,	eâdem,	eodem.
N. P.	ii,	eæ,	ea,	iidem,	eædem,	eadem.
G.	eorum,	earum,	eorum,	eorumdem,	earumdem,	eorumdem.
D. et Ab.	iis eis *ou de tout genre.*			iisdem *ou* eisdem *de tout genre.*		
Ac.	eos,	eas,	ea.	eosdem,	easdem	eadem

QUI.   QUÆ.   QUOD.   QUIS? QUÆ? QUID? *quoi?*

lequel.   *laquelle.*   *lequel.*   *quel?*   *quelle?*   *quod* avec un nom.

	M.	**F.**	**N.**	**M.**	**F.**	**N.**
N. S.	qui,	quæ,	quod.	quis,	quæ,	quid et quod.
G.	cujus,		*de tout genre.*	cujus,		*de tout genre.*
D.	cui,			cui,		
Ac.	quem,	quam,	quod.	quem,	quam,	quid et quod.
Ab.	quo,	quâ,	quo.	quo,	quâ,	quo.
N. P.	qui,	quæ,	quæ.	qui,	quæ,	quæ.
G.	quorum,	quarum,	quorum.	quorum,	quarum,	quorum.
D. et Ab.	quibus et queis. *de tout genre.*			quibus *de tout genre.*		
Ac.	quos,	quas,	quæ.	quos,	quas,	quæ.

Dans les composés on décline seulement *qui* et *quis*, les autres syllabes restent invariables.

M.	**F.**	**N.**	**Gén.**	**Dat.**
quicunque,	quæcunque,	quodcunque.	cujuscunque,	cuicunque.
quilibet,	quælibet,	quodlibet.	cujuslibet,	cuilibet.
quivis,	quævis,	quodvis.	cujusvis,	cuivis.
quidam,	quædam,	quoddam.	cujusdam,	cuidam.
quispiam,	quæpiam,	quidpiam.	cujuspiam,	cuipiam.
quisquam,	quæquam,	quidquam.	cujusquam,	cuiquam.
quisnam,	quænam,	quidnam.	cujusnam,	cuinam.
quisque,	quæque,	quidque.	cujusque.	cuique.

Dans les deux composés suivants, où *quis* est à la fin du mot, le féminin singulier et les cas neutres pluriels sont en *a*.

aliquis,   aliqua,   aliquid,   alicujus,   alicui.
ecquis,   ecqua,   ecquid,   eccujus,   eccui.

Quisquis,   quæque,   quidquid, *n'a que les cas suivants :*

datif sing. cuicui.   *abl. sing.* quoquo,   *accu. pl.* quosquos.

N.   unusquisque,   unaquæque,   unumquodque,   *chacun.*
G.   uniuscujusque,   D. unicuique,   Acc. unumquemque, unamquamque, unumquodque
     Abl. unoquoque,   unâquâque,   unoquoque.

Cujus,   cuja,   cujum, *à qui ? se décline sur* bonus, bona, bonum.
Nemo, neminis, *personne, est de la troisième déclinaison.*

DÉCLINAISONS DES

NOMBRES CARDINAUX,   NOMBRES ORDINAUX,   NOMBRES DISTRIBUTIFS.

---

unus,	duo,	tres.	primus,	secundus.	singuli,	singulæ,	singula.
quatuor quinque, sex.			tertius,	quartus.	*un à un, une à une, un à un.*		
septem, octo, novem.			quintus,	sextus.	bini, binæ, bina.		
decem, undecim, duodecim.			septimus,	octavus.	*deux à deux.*		

Seulement les 3 premiers se déclinent ; les autres sont invariables.

Se déclinent comme bonus, bona, bonum.

Se déclinent comme le pluriel de bonus, bona, bonum.

N.	unus,	una,	unum.	duo,	duæ,	duo.	tres,	tres,	tria.
G.	unius,	} *de tout genre.*		duorum,	duarum,	duorum.	trium,	} *de tout genre.*	
D.	uni,			duobus,	duabus,	duobus.	tribus,		
Ac.	unum,	unam,	unum.	duos,	duas,	duo.	tres,	tres,	tria.
Ab.	uno,	una,	uno.	duobus,	duabus,	duobus.	tribus,	*de tout genre.*	

CLASSIFICATION DES VERBES

SOUS LE RAPPORT DE LEUR CONJUGAISON.

Les verbes peuvent être classés sous le rapport de leur nature, ou sous celu de leur conjugaison. Je m'occuperai de la nature des verbes dans la syntaxe où je dois les coordonner aux autres parties du discours. Je me borne ici à exposer les verbes dans la simple marche de leur conjugaison.

Sous ce dernier aspect, je les divise en deux grandes classes; réguliers et irréguliers.

Les verbes actifs, ainsi que les verbes neutres nous présentent quatre conjugaisons réguliers.

Les verbes passifs nous en offrent autant qui sont régulières aussi.

Il y a en latin des verbes qui ne sont pas passifs, mais qui se conjuguent comme les verbes passifs à peu de différence près; ils s'appèlent déponents et ils nous présentent aussi quatre conjugaisons régulières.

Il y a après cela des verbes qui, dans leur marche, ont des irrégularités assez bizarres.

Les uns ont une partie de leurs tems de forme active, et une autre partie de forme passive.

D'autres, avec la seule forme passive, expriment la pensée tantôt comme les verbes actifs, tantôt comme les passifs selon les circonstances.

D'autres enfin sont impersonnels.

Je commence par arrêter le plan des trois premières classes de verbes réguliers, me réservant de parler des irréguliers à la fin de cet ouvrage où je réunirai les irrégularités de plusieurs espèces de mots.

Je commence par l'axiliaire *sum*, je suis, qui accompagne les verbes passifs et déponents.

CONJUGAISON DU VERBE SUBSTANTIF *Sum*, je suis.

INDICATIF PRESENT.

sum, *je suis.*
es,
est,
sumus,
estis,
sunt.

IMPARFAIT.

eram, *j'étais.*
eras,
erat,
eramus,
eratis,
erant.

PARFAIT.

fui, *je fus* ou *j'ai été.*
fuisti,
fuit,
fuimus,
fuistis,
fuerunt

PLUS-QUE-PARFAIT.

fueram, *j'avais été.*
fueras,
fuerat,
fueramus,
fueratis,
fuerant.

FUTUR.

ero, *je serai.*
eris,
erit,
erimus,
eritis,
erunt.

FUTUR PASSE.

fuero, *j'aurai été.*
fueris,
fuerit,
fuerimus,
fueritis,
fuerint.

IMPÉRATIF
PRÉSENT OU FUTUR.

es *ou* esto, *sois.*
es to
simus,
este *ou* estote,
sunto.

SUBJONCTIF PRESENT
OU FUTUR.

sim, *que je sois.*
sis,
sit,
simus,
sitis,
sint.

IMPARFAIT.

essem *ou* forem, *que je fusse*
esses *ou* fores, [*ou je serais*
esset *ou* foret,
essemus,
essetis,
essent *ou* forent.

PARFAIT.

fuerim, *que j'ai été.*
fueris,
fuerit,
fuerimus,
fueritis,
fuerint.

PLUS-QUE-PARFAIT.

fuissem, *que j'eusse été ou*
fuisses, [*j'aurais été.*
fuisset,
fuissemus,
fuissetis,
fuissent.

INFINITIF PRESENT.
esse, *être.*
PARFAIT.
fuisse, *avoir été.*
FUTUR.
fore *ou* futurum-am esse, *devoir être.*
FUTUR PASSE.
futurum-am, fuisse, *avoir dû être.*
PARTICIPE FUTUR.
futurus-a-um, *devant être.*

Ainsi se conjuguent les composés de *sum*, tels que
obesse, abesse, adesse, interesse.

PLAN
DES QUATRE CONJUGAISONS RÉGULIÈRES DES VERBES ACTIFS ET NEUTRES.

1	2	3	4
am *are*, aimer.	mon *ere*, avertir.	leg *ere*, lire.	aud *ire*, entendre.

INDICATIF PRÉSENT.

	j'aime.		*j'avertis.*		*je lis.*		*j'entends.*
am	o,	mon	eo,	leg	o,	aud	io,
am	as,	mon	es,	leg	is,	aud	is,
am	at,	mon	et,	leg	it,	aud	it,
am	amus,	mon	emus,	leg	imus,	aud	imus,
am	atis,	mon	etis,	leg	itis,	aud	itis,
am	ant.	mon	ent.	leg	unt.	aud	iunt.

IMPARFAIT.

j'aimais.	*j'avertissais.*	*je lisais.*	*j'entendais.*
am abam,	mon ebam,	leg ebam,	aud iebam,
am abas,	mon ebas,	leg ebas,	aud iebas,
am abat,	mon ebat,	leg ebat,	aud iebat.
am abamus,	mon ebamus,	leg ebamus,	aud iebamus.
am abatis,	mon ebatis,	leg ebatis,	aud iebatis,
am abant.	mon ebant.	leg ebant.	aud iebant.

PARFAIT.

| *j'aimai, j'ai aimé,* | *j'avertis, j'ai averti,* | *je lus, j'ai lu,* | *j'entendis, j'ai entenda,* |
j'eus aimé.	*j'eus averti.*	*j'eus lu.*	*j'eus entendu.*
am avi,	mon ui,	leg i,	aud ivi,
am avisti,	mon uisti,	leg isti,	aud ivisti,
am avit,	mon uit,	leg it,	aud ivit,
am avimus,	mon uimus,	leg imus,	aud ivimus,
am avistis,	mon uistis,	leg istis,	aud ivistis,
am averunt *ou-avere.*	mon uerunt *ou-uere.*	leg erunt *ou-ere.*	aud iverunt *ou-ivere.*

PLUS-QUE-PARFAIT.

j'avais aimé.	*j'avais averti.*	*j'avais lu.*	*j'avais entendu.*
am averam,	mon ueram,	leg eram,	aud iveram,
am averas,	mon ueras,	leg eras,	aud iveras,
am averat,	mon uerat,	leg erat,	aud iverat,
am averamus,	mon ueramus,	leg eramus,	aud iveramus,
am averatis,	mon ueratis,	leg eratis,	aud iveratis,
am averant.	mon uerant.	leg erant.	aud iverant.

FUTUR.

j'aimerai.	*j'avertirai.*	*je lirai.*	*j'entendrai.*
am abo,	mon ebo,	leg am,	aud iam,
am abis,	mon ebis,	leg es,	aud ies,
am abit,	mon ebit,	leg et,	aud iet,
am abimus,	mon ebimus,	leg emus,	aud iemus,
am abitis,	mon ebitis,	leg etis,	aud ietis,
am abunt.	mon ebunt.	leg ent.	aud ient.

FUTUR PASSÉ.

j'aurai aimé.	*j'aurai averti.*	*j'aurai lu.*	*j'aurai entendu.*
am avero,	mon uero,	leg ero,	aud ivero,
am averis,	mon ueris,	leg eris,	aud iveris,
am averit,	mon uerit,	leg erit,	aud iverit,
am averimus,	mon uerimus,	leg erimus,	aud iverimus,
am averitis,	mon ueritis,	leg eritis,	aud iveritis,
am averint.	mon uerint.	leg erint.	aud iverint.

IMPÉRATIF. P. *ou* F.

	aime.		*avertis.*		*lis.*		*entends.*
am	a *ou*-ato,	mon	e *ou*-eto,	leg	e *ou*-ito,	aud	i *ou*-ito,
am	ato,	mon	eto,	leg	ito,	aud	ito,
am	emus,	mon	eamus,	leg	amus,	aud	iamus,
am	ate *ou*-atote,	mon	ete *ou*-etote,	leg	ite *ou*-itote,	aud	ite *ou*-itote,
am	anto.	mon	ento.	leg	unto.	aud	iunto.

SUBJONCTIF. P. *ou* F.

	que j'aime.		*que j'avertisse.*		*que je lise.*		*que j'entende.*
am	em,	mon	eam,	leg	am,	aud	iam,
am	es,	mon	eas,	leg	as,	aud	ias,
am	et,	mon	eat,	leg	at,	aud	iat,
am	emus,	mon	eamus,	leg	amus,	aud	iamus,
am	etis,	mon	eatis,	leg	atis,	aud	iatis,
am	ent.	mon	eant.	leg	ant.	aud	iant.

IMPARFAIT.

	que j'aimasse, ou *j'aimerais.*		*que j'avertisse,* ou *j'avertirais.*		*que je lusse,* ou *je lirais.*		*que j'entendisse,* ou *j'entendrais.*
am	arem,	mon	erem,	leg	erem,	aud	irem,
am	ares,	mon	eres,	leg	eres,	aud	ires,
am	aret,	mon	eret,	leg	eret,	aud	iret,
am	aremus,	mon	eremus,	leg	eremus,	aud	iremus,
am	aretis,	mon	eretis,	leg	eretis,	aud	iretis,
am	arent.	mon	erent.	leg	erent.	aud	irent.

PARFAIT.

	que j'aie aimé.		*que j'aie averti.*		*que j'aie lu.*		*que j'aie entendu.*
am	averim,	mon	uerim,	leg	erim,	aud	iverim,
am	averis,	mon	ueris,	leg	eris,	aud	iveris,
am	averit,	mon	uerit,	leg	erit,	aud	iverit,
am	averimus,	mon	uerimus,	leg	erimus,	aud	iverimus.
am	averitis,	mon	ueritis,	leg	eritis,	aud	iveritis,
am	averint.	mon	uerint.	leg	erint.	aud	iverint.

PLUS-QUE-PARFAIT.

	que j'eusse aimé ou *j'aurais aimé.*		*que j'eusse averti,* ou *j'aurais averti.*		*que j'eusse lu,* ou *j'aurais lu.*		*que j'eusse entendu,* ou *j'aurais entendu.*
am	avissem,	mon	uissem,	leg	issem,	aud	ivissem,
am	avisses,	mon	uisses,	leg	isses,	aud	ivisses,
am	avisset,	mon	uisset,	leg	isset,	aud	ivisset,
am	avissemus,	mon	uissemus,	leg	issemus,	aud	ivissemus,
am	avissetis,	mon	uissetis,	leg	issetis,	aud	ivissetis,
am	avissent.	mon	uissent.	leg	issent.	aud	ivissent.

		amare,	monere,	legere,	audire.	Aimer,	avertir,	lire,	entendre.	*Exemples :*
INFINITIF PRÉS.	*Nom et Ac.*									viverĕ dulce est. / cupio beate vivere.
GÉRONDIFS.	*Gén.*	amandi,	monendi,	legendi,	audiendi.	*d'aimer,*	*d'avertir,*	*de lire,*	*d'entendre.*	ego sum vivendi cupidus.
	Dat.	amando,	monendo	legendo,	audiendo.	*à aimer,*	*à avertir,*	*à lire,*	*à entendre.*	legendo deditus.
	Acc.	amandum,	monendum,	legendum,	audiendum.	*à aimer,*	*à avertir,*	*à lire,*	*à entendre.*	ad pugnandum coactus.
	Abl.	amando,	monendo,	legendo,	audiendo.	*en aimant,*	*en avertissant,*	*en lisant,*	*en entendant.*	pugnando vinces.
SUPIN.	*Acc.*	amatum,	monitum,	lectum,	auditum.	*à aimer,*	*à avertir,*	*à lire,*	*à entendre.*	Eamus deambulatum.

INFINITIF.	PASSÉ.	amavisse,	monuisse,	legisse,	audivisse.	*Avoir aimé, avoir entendu, avoir lu, avoir entendu.*	
	FUTUR.	amaturum esse, / lecturum esse,	moniturum esse. / auditurum esse.			*devoir aimer, / devoir lire,*	*devoir avertir, / devoir entendre,*	S'accordent avec le sujet de l'infin.
	FUT. PASSÉ.	amaturum fuisse, / lecturum fuisse,	moniturum fuisse. / auditurum fuisse.			*avoir dû aimer. / avoir dû lire,*	*avoir dû avertir, / avoir dû entendre.*	*Exemples :* dico matrem amaturam esse. / puto adolescentes amaturos fuisse / credo virgines audituras esse.

PARTICIPES.	PRÉS.	amans,	movens,	legens,	audiens.	*Aimant, avertissant, lisant, entendant.*	Se déclinent comme *felix.*
	FUTUR.	amaturus-ra-rum / lecturus-ra-rum	moniturus-ra-rum. / auditurus-ra-rum.			*devant aimer, / devant lire,*	*devant avertir, / devant entendre.*	comme *bonus, bona, bonum.*

PLAN

DES QUATRE CONJUGAISONS RÉGULIÈRES DES VERBES PASSIFS.

1	2	3	4
am ari *être aimé.*	mon eri *être averti.*	leg i *être lu.*	aud iri *être entendu.*

INDICATIF PRÉSENT.

je suis aimé.	*je suis averti.*	*je suis lu.*	*je suis entendu.*
am or,	mon eor,	leg or,	aud ior,
am aris *ou* are,	mon eris *ou* ere,	leg eris *ou* ere,	aud ieris *ou* ere,
am atur,	mon etur,	leg itur,	aud itur,
am amur,	mon emur,	leg imur,	aud imur,
am amini,	mon emini,	leg imini,	aud imini,
am antur.	mon entur.	leg untur.	aud iuntur.

IMPARFAIT.

j'étais aimé.	*j'étais averti.*	*j'étais lu.*	*j'étais entendu.*
am abar,	mon ebar,	leg ebar,	aud iebar,
am abaris *ou* abare,	mon ebaris *ou* ebare,	leg ebaris *ou* ebare,	aud iebaris,
am abatur,	mon ebatur,	leg ebatur,	aud iebatur,
am abamur,	mon ebamur,	leg ebamur,	aud iebamur,
am abamini,	mon ebamini,	leg ebamini,	aud iebamini,
am abantur.	mon ebantur.	leg ebantur.	aud iebantur.

PARFAIT.

j'ai été aimé, je fus aimé, j'eus été aimé.	*j'ai été averti, je fus averti, j'eus été averti.*	*j'ai été lu, je fus lu, j'eus été lu.*	*j'ai été entendu, je fus entendu, j'eus été entendu.*
am atus sum *ou* fui,	mon itus sum *ou* fui,	lec tus sum *ou* fui,	aud itus sum *ou* fui,
am atus es *ou* fuisti,	mon itus es *ou* fuisti,	lec tus es *ou* fuisti,	aud itus es *ou* fuisti,
am atus est *ou* fuit,	mon itus est *ou* fuit,	lec tus est *ou* fuit,	aud itus est *ou* fuit,
am ati sumus *ou* fui-[mus,	mon iti sumus *ou* fui-[mus,	lec ti sumus *ou* fuimus,	aud iti sumus *ou* fui-[mus,
am ati estis *ou* fuistis,	mon iti estis *ou* fuistis,	lec ti estis *ou* fuistis,	aud iti estis *ou* fuistis,
am ati sunt *ou* fuerunt.	mon iti sunt *ou* fuerunt	lec ti sunt *ou* fuerunt.	aud iti sunt *ou* fuerunt.

PLUS-QUE-PARFAIT.

j'avais été aimé.	*j'avais été averti.*	*j'avais été lu.*	*'j'avais été entendu.*
am atus eram *ou* fue-[ram,	mon itus eram *ou* fue-[ram,	lec tus eram *ou* fue-[ram,	aud itus eram *ou* fue-[ram,
am atus eras *ou* fueras,	mon itus eras *ou* fueras	lec tus eras *ou* fueras,	aud itus eras *ou* fueras,
am atus erat *ou* fuerat,	mon itus erat *ou* fuerat,	lec tus erat *ou* fuerat,	aud itus erat *ou* fuerat,
am ati eramus *ou* fue-[ramus,	mon iti eramus *ou* fue-[ramus.	lec ti eramus *ou* fue-[ramus,	aud iti eramus *ou* fue-[ramus,
am ati eratis *ou* fue-[ratis,	mon iti eratis *ou* fue-[ratis.	lec ti eratis *ou* fuera-[tis,	aud iti eratis *ou* fue-[ratis,
am ati erant *ou* fue-[rant.	mon iti erant *ou* fue-[rant.	lec ti erant *ou* fue-[rant.	aud iti erant *ou* fue-[rant.

FUTUR.

je serai aimé.	*je serai averti.*	*je serai lu.*	*je serai entendu.*
am abor,	mon ebor,	leg or,	aud iar,
am aberis *ou* abere,	mon eberis *ou* ebere,	leg eris *ou* ere,	aud ieris *ou* ere,
am abitur,	mon ebitur,	leg etur,	aud ietur,
am abimur,	mon ebimur,	leg emur,	and iemur,
am abimini,	mon ebimini,	leg emini,	aud iemini,
am abuntur.	mon ebuntur.	leg entur.	aud ientur.

FUTUR PASSÉ.

j'aurai été aimé.	*j'aurai été averti.*	*j'aurai été lu.*	*j'aurai été entendu.*
am atus ero *ou* fuero,	mon itus ero *ou* fuero,	lec tus ero *ou* fuero,	and itus ero *ou* fuero,
am atus eris *ou* fueris,	mon itus eris *ou* fueris,	lec tus eris *ou* fueris,	aud itus eris *ou* fueris,
am atus erit *ou* fuerit,	mon itus erit *ou* fuerit,	lec tus erit *ou* fuerit,	aud itus erit *ou* fuerit,
am ati erimus *ou* fue-[rimus,	mon iti erimus *ou* fue-[rimus.	lec ti erimus *ou* fue-[rimus,	aud iti erimus *ou* fue-[rimus,
am ati eritis *ou* fueri-[tis,	mon iti eritis *ou* fue-[ritis,	lec ti eritis *ou* fac-[ritis,	aud iti critis *ou* fue-[ritis,
am ati erunt *ou* fue-[rint.	mon iti erunt *ou* fue-[rint.	lec ti erunt *ou* fue-[rint.	aud iti erunt *ou* fue-[rint.

IMPÉRATIF. P. *ou* F.

sois aimé.	*sois averti.*	*sois lu.*	*sois entendu.*
am are-*ou*-ator,	mon ere-*ou*-etor,	leg ere-*ou*-itor,	aud ire-*ou*-itor,
am ator,	mon etor,	leg itor,	aud itor,
am emur,	mon eamur,	leg amur,	aud iamur,
am amini,	mon emini,	leg imini,	aud imini,
am antor.	mon entor.	leg untor.	aud iuntor.

SUBJONCTIF P. *ou* F.

que je sois aimé.	*que je sois averti.*	*que je sois lu.*	*que je sois entendu.*
am er,	mon ear,	leg ar,	aud iar,
am eris-*ou*-ere,	mon earis-*ou*-eare,	leg aris-*ou*-are,	aud iaris-*ou*-iare,
am etur,	mon eatur,	leg atur,	aud iatur,
am emur,	mon eamur,	leg amur,	aud iamur,
am emini,	mon eamini,	leg amini,	aud iamini,
am entur.	mon eantur.	leg antur.	aud iantur.

IMPARFAIT.

| *que je fusse aimé* | *que je fusse averti* | *que je fusse lu* | *que je fusse entendu* |
ou je serais aimé.	*ou je serais averti.*	*ou je serais lu.*	*ou je serais entendu.*
am arer,	mon erer,	leg erer,	aud irer,
am areris-*ou*-arere,	mon ereris-*ou*-erere,	leg ereris-*ou*-erere,	aud ireris-*ou*-irere,
am aretur,	mon eretur,	leg eretur,	aud iretur,
am aremur,	mon eremur,	leg eremur,	aud iremur,
am aremini,	mon eremini,	leg eremini,	aud iremini,
am arentur.	mon erentur.	leg erentur.	aud irentur.

PARFAIT.

que j'aie été aimé.	*que j'aie été averti.*	*que j'aie été lu.*	*que j'aie été entendu.*
am atus sim *ou* fuerim,	mon itus sim *ou* fue- [rim,	lec tus sim *ou* fuerim,	aud itus sim *ou* fuerim,
am atus sis *ou* fueris,		lec tus sis *ou* fueris,	aud itus sis *ou* fueris,
am atus sit *ou* fuerit,	mon itus sis *ou* fueris,	lec tus sit *ou* fuerit,	aud itus sit *ou* fuerit,
am ati simus *ou* fueri- [mus,	mon itus sit *ou* fuerit, mon iti simus *ou* fueri- [mus,	lec ti simus *ou* fueri- [mus,	aud iti simus *ou* fueri- [mus,
am ati sitis *ou* fueritis,		lec ti sitis *ou* fueritis,	aud iti sitis *ou* fueritis,
am ati sint *ou* fuerint.	mon iti sitis *ou* fueritis, mon iti sint *ou* fuerint.	lec ti sint *ou* fuerint.	aud iti sint *ou* fuerint.

PLUS-QUE-PARFAIT.

| *que j'eusse été aimé* | *que j'eusse été averti.* | *que j'eusse été lu.* | *que j'eusse été entendu.* |
ou j'aurais été aimé.	*ou j'aurais été averti.*	*ou j'aurais été lu.*	*ou j'aurais été entendu*
am atus essem *ou* fuis- [sem,	mon itus essem *ou* fuis- [sem,	lec tus essem *ou* fuis- [sem,	aud itus essem *ou* fuis- [sem,
am atus esses *ou* fuisses,	mon itus esses *ou* fuis- [ses,	lec tus esses *ou* fuisses,	aud itus esses *ou* fuis- [ses,
am atus esset *ou* fuisset,	mon itus esset *ou* fuis- [set,	lec tus esset *ou* fuisset,	aud itus esset *ou* fuis- [set;
am ati essemus *ou* fuis- [semus,	mon iti essemus *ou* fuissemus,	lec ti essemus *ou* fuis- [semus,	aud iti essemus *ou* fuis- [semus,
am ati essetis *ou* fuisse- [tis,	mon iti essetis *ou* fuis- [setis,	lec ti essetis *ou* fuis- [setis,	aud iti essetis *ou* fuis- [setis.
am ati essent *ou* fuis- [sent.	mon iti essent *ou* fuis- [sent.	lec ti essent *ou* fuis- [sent.	aud iti essent *ou* fuis- [sent.

— 30 —

INFINITIFS.		
PRÉSENT.	amari — moneri — legi — audiri.	*être aimé - être averti - être lu - être entendu.*
PASSÉ.	amatum esse *ou* fuisse - monitum esse *ou* fuisse lectum esse *ou* fuisse - auditum esse *ou* fuisse	*avoir été aimé — avoir été averti.* *avoir été lu — avoir été entendu.*
FUTUR.	amatum iri *ou* amandum esse. monitum iri *ou* monendum esse. lectum iri *ou* legendum esse· auditum iri *ou* audiendum esse.	*devoir être aimé.* *devoir être averti.* *devoir être lu.* *devoir être entendu.*
FUT. PASSÉ.	amandum fuisse — monendum fuisse. legendum fuisse — audiendum fuisse.	*avoir dû être aimé — avoir dû être averti.* *avoir dû être lu — avoir dû être entendu.*

Tous ces participes accompagnés de esse ou fuisse s'accordent avec le sujet de l'infinitif :

.....Vos esse visuros. *(Cic.)*
.....Illos fuisse facturos. *(id.)*

PARTICIPES.		
SUPIN.	amatu — monitu — lectu — audito.	*à être aimé-à être averti-à être lu-à être en-* [*tendu.*
PASSÉ.	amatus-a-um — monitus-a-um. lectus-a-um — auditus-a-um.	*ayant été aimé — ayant été averti,* *ayant été lu — ayant été entendu.*
FUTUR.	amandus-a-um — monendus-a-um. legendus-a-um — audiendus-a-um.	*devant être aimé — devant être averti.* *devant être lu — devant être entendu.*

Nota.

*Seulement le futur accompagné d'*iri *est invariable.*

La raison c'est que, dans amatum iri *par exemple,* amatum *est un véritable supin, et* iri *est l'infinitif passif du verbe* ire *: cette locution répond à la locution française* on va aimer.

PLAN

DES QUATRE CONJUGAISONS RÉGULIÈRES DES VERBES DÉPONENTS.

1	2	3	4
imit ari *imiter*.	pollic eri *promettre*.	ut i *se servir*.	bland iri *flatter*.

INDICATIF PRÉSENT.

j'imite.	*je promets*.	*je me sers*.	*je flatte*.
imit or,	pollic eor,	ut or,	bland ior,
imit aris *ou* are,	pollic eris *ou* ere,	ut eris *ou* ere,	bland iris *ou* ire,
imit atur,	pollic etur,	ut itur,	bland itur,
imit amur,	pollic emur,	ut imur,	bland imur,
imit amini,	pollic emini,	ut imini,	bland imini,
imit antur.	pollic entur.	ut untur.	bland iuntur.

IMPARFAIT.

j'imitais.	*je promettais*.	*je me servais*.	*je flattais*.
imit abar,	pollic ebar,	ut ebar,	bland iebar,
imit abaris *ou* abare,	pollic ebaris *ou* ebare,	ut ebaris *ou* ebare,	bland iebaris *ou* ebare,
imit abatur,	pollic ebatur,	ut ebatur,	bland iebatur.
imit abamur,	pollic ebamur,	ut ebamur,	bland iebamur,
imit abamini,	pollic ebamini,	ut ebamini,	bland iebamini,
imit abantur.	pollic ebantur.	ut ebantur.	bland iebantur.

PARFAIT.

j'imitai, j'ai imité, *j'eus imité*.	*je promis, j'ai promis* *j'eus promis*.	*je me servis, je me* *suis servi, je me fus* *servi*.	*je flattai, j'ai flatté,* *j'eus flatté*.
imit atus sum *ou* fui,	pollic itus sum *ou* fui,	us us sum *ou* fui,	bland itus sum *ou* fui,
imit atus es *ou* fuisti,	pollic itus es *ou* fuisti,	us us es *ou* fuisti,	bland itus es *ou* fuisti,
imit atus est *ou* fuit,	pollic itus est *ou* fuit,	us us est *ou* fuit,	bland itus est *ou* fuit,
imit ati sumus *ou* fui- [mus,	pollic iti sumus *ou* fui- [mus,	us i sumus *ou* fuimus,	bland iti sumus *ou* fui- [mus,
imit ati estis *ou* fuistis,	pollic iti estis *ou* fuistis	us i estis *ou* fuistis,	bland iti estis *ou* fuistis
imit ati sunt *ou* fue- [runt.	pollic iti sunt *ou* fue- [runt.	us i sunt *ou* fuerunt.	bland iti sunt *ou* fue- [runt.

PLUS-QUE-PARFAIT.

j'avais aimé. *j'avais promis.* *je m'étais servi.* *j'avais flatté.*

im itatus eram *ou* fue- pollic itus eram *ou* fue- us us eram *ou* fueram, bland itus eram *ou*
       [ram,   [ram,   [fueram,
im itatus eras *ou* fueras, pollic itus eras *ou* fue- us us eras *ou* fueras, bland itus eras *ou* fue-
       [ras,   [ras,
im itatus erat *ou* fuerat, pollic itus erat *ou* fue- us us erat *ou* fuerat, bland itus erat *ou* fue-
       [rat,   [rat,
im itati eramus *ou* fue- pollic iti eramus *ou* us i eramus *ou* fue- bland iti eramus *ou*
       [ramus,   [fueramus,   [ramus,   [fueramus,
im itati eratis *ou* fue- pollic iti eratis *ou* fue- us i eratis *ou* fueratis, bland iti eratis *ou* fue-
       [ratis,   [ratis,   [ratis,
im itati erant *ou* fue- pollic iti erant *ou* fue- us i erant *ou* fuerant. bland iti erant *ou* fue-
       [rant.   [rant.   [rant.

FUTUR.

j'imiterai. *je promettrai.* *je me servirai.* *je flatterai.*

imit abor, pollic ebor, ut ar, bland iar,
imit aberis *ou* abere, pollic eberis *ou* ebere, ut aris *ou* ere, bland iaris *ou* are,
imit abitur, pollic ebitur, ut etur, bland ietur,
imit abimur, pollic ebimur, ut emur, bland iemur,
imit abimini, pollic ebimini, ut emini, bland iemini,
imit abuntur. pollic ebuntur. ut entur. bland ientur.

FUTUR PASSÉ.

j'aurai imité. *j'aurai promis.* *je me serai servi.* *j'aurai flatté.*

imit atus ero *ou* fuero, pollic itus ero *ou* fuero us us ero *ou* fuero, bland itus ero *ou* fuero
imit atus eris *ou* fueris, pollic itus eris *ou* fueris us us eris *ou* fueris, bland itus eris *ou* fueris
imit atus erit *ou* fuerit, pollic itus erit *ou* fuerit us us erit *ou* fuerit, bland itus erit *ou* fuerit
imit ati erimus *ou* fue- pollic iti erimus *ou* fue- us i erimus *ou* fueri- bland iti erimus *ou* fue-
       [rimus,   [rimus,   [mus,   [rimus,
imit ati eritis *ou* fue- pollic iti eritis *ou* fue- us i eritis *ou* fueritis, bland iti eritis *ou* fue-
       [ritis,   [ritis,   [ritis,
imit ati erunt *ou* fue- pollic iti erunt *ou* fue- us i erunt *ou* fuerint. bland iti erunt *ou* fue-
       [rint.   [rint.   [rint.

IMPÉRATIF P. *ou* F.

imite. *promets.* *sers-toi.* *flatte.*

imit are-*ou*-ator, pollic ere-*ou*-etor, ut ere-*ou*-itor, bland ire-*ou*-itor,
imit ator, pollic etor, ut itor, bland itor,
imit emur, pollic eamur, ut amur, bland iamur,
imit amini, pollic emini, ut imini, bland imini,
imit antor, pollic entor. ut untor. bland iuntor.

SUBJONCTIF P. *ou* F.

que j'imite.	*que je promette.*	*que je me serve.*	*que je flatte.*
imit er,	pollic ear,	ut ar,	bland iar,
imit eris-*ou*-ere,	pollic earis-*ou*-eare,	ut aris-*ou*-are,	bland iaris-*ou*-iare,
imit etur,	pollic eatur,	ut atur,	bland iatur,
imit emur,	pollic eamur,	ut amur,	bland iamur,
imit emini,	pollic eamini,	ut amini,	bland iamini
imit entur.	pollic eantur.	ut antur.	bland iantur.

IMPARFAIT.

que j'imitasse *ou j'imiterais.*	*que je promisse* *ou je promettrais.*	*que je me servisse* *ou je me servirais.*	*que je flattasse* *ou je flatterais.*
imit arer,	pollic erer,	ut erer,	bland irer,
imit areris-*ou*-arere,	pollic creris-*ou*-erere,	ut ereris-*ou*-erere,	bland ireris-*ou*-irere,
imit aretur,	pollic eretur,	ut eretur,	bland iretur,
imit aremur,	pollic eremur,	ut eremur,	bland iremur,
imit aremini,	pollic eremini,	ut eremini,	bland iremini,
imit arentur.	pollic erentur.	ut erentur.	bland irentur,

PARFAIT.

que j'aie imité.	*que j'aie promis.*	*que je me sois servi.*	*que j'aie flatté.*
imit atus sim *ou* fuerim,	pollic itus sim *ou* fue-[rim,	us us sim *ou* fuerim,	bland itus sim *ou* fue-[rim.
imit atus sis *ou* fueris,	pollic itus sis *ou* fueris,	us us sis *ou* fueris,	bland itus sis *ou* fueris,
imit atus sit *ou* fuerit,	pollic itus sit *ou* fuerit,	us us sit *ou* fuerit,	bland itus sit *ou* fuerit,
imit ati simus *ou* fueri-[mus,	pollic iti simus *ou* [fuerimus,	us i simus *ou* fuerimus,	bland iti simus *ou* fue-[rimus,
imi ati sitis *ou* fueritis,	pollic iti sitis *ou* fue-[ritis,	us i sitis *ou* fueritis,	bland iti sitis *ou* fue-[ritis,
imi ati sint *ou* fuerint.	pollic iti sint *ou* fue-[rint.	us i sint *ou* fuerint.	bland iti sint *ou* fue-[rint.

PLUS-QUE-PARFAIT.

que j'eusse imité *ou j'aurais imité.*	*que j'eusse promis.* *ou j'aurais promis.*	*que je me fusse servi* *ou je me serais servi.*	*que j'eusse flatté* *ou j'aurais flatté.*
imit atus essem *ou* fuis-[sem,	pollic itus essem *ou* [fuissem,	us us essem *ou* fuis-[sem,	bland itus essem *ou* [fuissem,
imit atus esses *ou* fuis-[ses,	pollic itus esses *ou* [fuisses,	us us esses *ou* fuisses,	bland itus esses *ou* [fuisses,
imit atus esset *ou* fuisset	pollic itus esset *ou* [fuisset,	us us esset *ou* fuisset,	bland itus esset *ou* [fuisset,
imit ati essemus *ou* fuis-[semus,	pollic iti essemus *ou* [fuissemus,	us i essemus *ou* fuisse-[mus.	bland iti essemus *ou* [fuissemus,
imit ati essetis *ou* fuis-[setis,	pollic iti essetis *ou* [fuissetis,	us i essetis *ou* fuissetis,	bland iti essetis *ou* [fuissetis,
imit ati essent *ou* fuis-[sent.	pollic iti essent *ou* [fuissent.	us i essent *ou* fuis-[sent.	bland iti essent *ou* [fuissent.

INFINITIF PRÉSENT. *Nom.* imitari. — polliceri. — uti. — blandiri. — *imiter.* — *promettre.* — *se servir.* — *flatter.*

GÉRONDIFS.	*Gen.*	imitandi,	pollicendi,	utendi,	blandiendi:	*d'imiter,*	*de promettre, de se servir, de flatter.*	
	Dat.	imitando,	pollicendo,	utendo,	blandiendo.	*à imiter,*	*à promettre, à se servir, à flatter,*	
	Acc.	imitandum,	pollicendum,	utendum,	blandiendum.	*à imiter,*	*à promettre, à se servir, à flatter.*	
	Abl.	imitando,	pollicendo,	utendo,	blandiendo:	*en imitant,*	*en promettant en se servant, en flattant.*	
SUPINS.	*Acc.*	imitatum,	pollicitum,	usum,	blanditum.	*à imiter,*	*à promettre, à se servir, à flatter.*	
	Abl.	imitatu,	pollicitu,	usu,	blanditu.	*à être imité, à être promis, à être employé, à être flatté.*		

INFINITIF.				
PASSÉ.	imitatum, am esse *ou* fuisse.	pollicitum, am esse *ou* fuisse.	*avoir imité.*	*avoir promis.*
	usum, am esse *ou* fuisse.	blanditum, am esse *ou* fuisse.	*s'être servi.*	*avoir flatté.*
FUTUR.	imitaturum, am esse.	polliciturum, am esse.	*devoir imiter.*	*devoir promettre.*
	usurum, am esse.	blanditurum, am esse.	*devoir se servir.*	*devoir flatter.*
FUTUR PASSÉ.	imitaturum, am fuisse.	polliciturum, am fuisse.	*avoir dû imiter.*	*avoir dû promettre*
	usurum, am fuisse.	blanditurum, am fuisse.	*avoir dû se servir.*	*avoir dû flatter.*

PARTICIPES.				
PRÉSENT.	imitans, imitantis.	pollicens, pollicentis.	*imitant,*	*promettant.*
	utens, utentis.	blandiens, blandientis.	*se servant,*	*flattant.*
PASSÉ ACTIF.	imitatus, a, um,	pollicitus, a, um.	*ayant imité,*	*ayant promis.*
	usus, a, um;	blanditus, a, um.	*s'étant servi,*	*ayant flatté.*
FUTUR ACTIF.	imitaturus, a, um,	polliciturus, a, um.	*devant imiter,*	*devant promettre.*
	usurus, a, um	blanditurus, a, um.	*devant se servir;*	*devant flatter.*
FUTUR PASSIF.	imitandus, a, um,	pollicendus, a, um.	*devant être imité,*	*devant être promis.*
	utendus, a, um,	blandiendus, a, um.	*dont on doit se servir,*	*devant être flatté.*

PARALLÈLE

ENTRE LES VERBES FRANÇAIS ET LES VERBES LATINS.

On voit, par le seul aperçu des conjugaisons précédentes, la supériorité de la langue latine sur la langue française. D'abord elle exprime , en un seul mot , plusieurs temps des verbes pour lesquels il faut que nous ayons recours à des auxiliaires et à des participes. Ensuite, le triple infinitif, ainsi que le triple participe et le gérondif qui manque en français , donne au verbe latin de grands avantages dans l'expression de la pensée, et rend la langue latine presque la langue de l'algèbre.

Remarques sur les lois des conjugaisons latines.

Nous avons fait marcher ensemble les conjugaisons de chaque ordre de verbes, afin que l'élève puisse voir mieux les points de contact ainsi que les différences.

Conjuguer un verbe régulier n'est, en général, qu'ôter de son infinitif les dernières trois lettres, et y substituer successivement la série des désinences marquées dans les tableaux.

Seulement dans la troisième conjugaison des passifs et des déponens, il ne faut ôter qu'une seule lettre.

SECONDE PARTIE.

SECONDE PARTIE.

PLAN DE LA SYNTAXE.

Dans toutes les langues ce sont les parties variables du discours qui offrent le plus de difficultés pour la construction des phrases. Les noms, les pronoms, les adjectifs et les verbes ont en latin une marche beaucoup plus compliquée qu'en français; c'est la raison principale qui rend la langue latine aussi difficile ; car, à cause des déclinaisons et des conjugaisons, ces quatre espèces de mots reçoivent dans les différentes locutions de nombreuses variations dans leurs désinences.

Nous pouvons pourtant regarder le nom, le pronom, l'adjectif, comme une seule espèce de mots quant aux lois auxquelles ils sont soumis ; car, l'adjectif reçoit la même destination que le nom auquel il appartient, et le pronom subit les mêmes lois que le nom *dont il évite la répétition.*

Il ne reste donc que le verbe qui offre des difficultés, puisque les autres mots, étant invariables, ne peuvent subir aucune altération, quelque place qu'ils occupent dans une phrase.

Cela posé, je crois que toutes les questions de la syntaxe latine peuvent se réduire à celle-ci :

» CHERCHER LES LOIS AUXQUELLES LE NOM ET LE VERBE SONT
SOUMIS LORSQU'ILS SONT EN RAPPORT AVEC D'AUTRES
PARTIES DU DISCOURS. »

La syntaxe ainsi envisagée repose sur un plan très simple et bien coordonné.

Le nom peut-être considéré sous sept rapports différens.

1° Sujet d'un verbe,
2° Régime d'un verbe,
3° Régime d'un autre nom,
4° Régime d'un adjectif,

5° Régime d'une préposition,
6° Régime d'un adverbe,
7° Régime d'une interjection.

Le verbe peut être considéré

1° Commme soumis à l'accord
avec son sujet,

2° Subordonné à un autre verbe,
3° Gouverné par une conjonction.

*Ensuite, sous le rapport de l'infinitif, du gérondif et du supin, qui ne sont que
des noms, il peut être :*

1° Sujet d'un verbe,
2° Régime direct ou indirect
d'un verbe,

3° Régime d'un nom,
4° Régime d'un adjectif,
5° Régime d'une préposition.

Voilà l'échelle que je parcourrai pour résoudre la question proposée.

Après ce travail, je mettrai sous les yeux de l'élève un aperçu sur l'accord du nom avec l'adjectif et le pronom, et je prouverai d'un seul trait la coordonnance de ces quatre parties du discours que l'on peut envisager sous le même point de vue.

NOM SUJET DU VERBE.

Le sujet de tout verbe qui n'est pas à l'infinitif, se met au nominatif.	*Sol nitet* *Ignis ardet.*
Le sujet du verbe qui est à l'infinitif, se met à l'accusatif.	*Video senem redire.*

La raison c'est que, *senem* est en même tems sujet de *redire* et régime de *video*. L'infinitif *redire* n'exprime qu'une qualification du nom *senem* ; il fait l'office d'un adjectif ou d'un participe, comme si l'on disait :

Video senem redeuntem. (Ter.)

NOM RÉGIME DU VERBE.

CLASSIFICATION DES VERBES
SOUS LE RAPPORT DE LEUR NATURE.

Après que l'homme eut donné les noms aux objets qui l'entourent, il avait besoin d'exprimer les différens états où ces objets se trouvent, cette progression successive de changemens qui entraîne tous les êtres de l'univers. Dans le monde tout est mouvement; la force motrice, qui envahit tout, présente à nos yeux un tableau de phénomènes toujours variés : agissant avec différens degrés d'énergie, tantôt elle travaille en secret dans ses êtres, tantôt elle les rapproche, les brise, les éloigne. Ce sont tous ces effets que le verbe est destiné à exprimer. En partant de ces idées on peut envisager les verbes sous deux points de vue, et en faire deux grandes classes principales. Lorsque la force motrice n'agit que dans un être sans se porter sur un autre, le verbe qui exprime cette opération s'appelle intransitif ou neutre comme *végéter* ; si cette force fait qu'un objet agit sur un autre, le verbe s'appelle transitif ou actif comme *frapper*.

Par ce moyen, au lieu d'envisager les verbes sous le rapport de leurs conjugaisons, et de donner des principes particuliers pour chaque ordre d'actifs, passifs, neutres, déponens, impersonnels, ce qui multiplie les règles et les difficultés, j'examinerai la nature des verbes mêmes et je parcourrai d'abord les intransitifs ensuite les transitifs selon l'ordre des cas qu'ils gouvernent.

Ne pouvant faire entrer tous ces verbes dans le cadre étroit d'un ouvrage élémentaire, l'élève consultera au besoin le dictionnaire où l'on trouve les cas que chaque verbe gouverne.

J'en marquerai pourtant assez pour qu'il puisse s'exercer par des thèmes que le maître pourra lui donner.

Dans la liste de ces verbes, j'ai supprimé exprès le français pour engager l'élève à les chercher dans le dictionnaire où il trouvera leurs différentes exceptions ainsi que la manière dont les classiques les ont employés.

Commençant par les intransitifs je les subdivise en absolus et relatifs.

Les absolus sont ceux qui n'ont aucune espèce de régime ni direct ni indirect; ils forment seuls une proposition complète comme je repose, je vis, je me promène : il pleut, il neige, il tonne.

Les relatifs sont ceux qui ont besoin d'un régime indirect pour que la proposition soit complète. Ainsi si je disais, j'obéis : ma phrase serait imparfaite; car, on me demanderait, à qui ? de même si je disais, je me rappelle : on m'interrogerait de quelle chose ? ou de qui ? ce régime indirect, que l'on appelle complément de la proposition, se met en latin tantôt au génitif, tantôt au datif, tantôt à l'accusatif, tantôt à l'ablatif avec ou sans préposition selon les différens verbes.

Ex : pour	le génitif,	egere alicujus rei	*avoir besoin de quelque chose,*
	le datif,	obedire alicui	*obéir à quelqu'un.*
	l'accusatif,	callere aliquid	*savoir bien quelque chose.*
	l'ablatif,	abundare divitiis	*abonder de richesses,*

Il y a plusieurs verbes qui en français sont classés parmi les actifs et en latin parmi les neutres. Cela ne détruit pas le principe établi que les mots conservent la même nature dans toutes les langues. Ce principe dérive de la philosophie et repose sur des bases trop solides pour qu'on puisse l'attaquer. La raison de la nuance mentionnée, qui existe entre les verbes latins et les verbes français, dérive de la composition des mots, des lois conventionnelles des hommes, de la manière dont les écrivains classiques ont ordinairement envisagé ces verbes.

INTRANSITIFS qui gouvernent le GÉNITIF.

Satago.	memini.	reminiscor.	interest.
egeo.	misereor.	obliviscor.	refert.
indigeo.	recordor.	potior.	

Ex.
- Suarum rerum satagit. *(Ter.)*
- Qui misereri mei debent. *(Cic.)*
- Hoc interest reipublicæ. *(id.)*

---

egere.
indigere.

Se trouvent aussi avec l'ablatif.
Ex :
Tu consilio non eges. *(Cic)*

recordari, reminisci, oblivisci.
se trouvent souvent avec l'accusatif.
Ex.
omnia obliviscor. *(Cic.)*
recordor tua consilia. *id*

on trouve aussi
recordare de cœteris.
(Cic.)

---

potiri, *gouverne*

- *le gén.* — potiuntur rerum. *(Cic.)*
- *l'acc.* — patria potitur commoda. *(Ter.)*
- *l'abl.* — omni gaza potitus est. *(Cic.)*

---

interest.

refert.

1° *Lorsque l'on exprime le motif ou le but pour lequel une chose importe, le nom se met à l'accusatif avec* ad.

Ex.
Ad honorem nostrum interest.
(Cic.)

2° *Lorsque les français emploient avec il importe les adverbes suivants :*

Les latins disent :	beaucoup,	peu,	tant	combien.
	magni,	parvi,	tanti *ou* tantum,	quanti *ou* quantum.

Ex.
Utriusque nostrum magni interest. *(Cic.)*
Quantum communis salutis intersit. *(id.)*

3° *Lorsque le régime de* refert *et* interest *est un des pronoms*

me, te, lui, nous, vous, leur.

Les latins y substituent : mea, tua, sua, nostra, vestra, sua.
qui sont des accusatifs pluriel de meus, tuus.

Et tua et mea interest te valere. *(Cic.) ce qui équivaut à* est inter tua et mea negotia te valere. — *C'est ton intérêt comme le mien que tu sois bien portant.*

Nota.

Le possessif *sua* se substitue aux pronoms *lui* et *leur* lorsque ceux-ci se rapportent au sujet de la phrase ; autrement, on dirait *illius* pour le singulier, *illorum, illarum* pour le pluriel.

INTRANSITIFS qui gouvernent le DATIF.

adsum,	succurro,	famulor,	accidit,
assisto,	subvenio,	assentior,	contingit,
prosum,	faveo,	obsequor,	evenit,
obsum,	sufficio,	gratificor,	usuvenit,
noceo,	satisfacio,	morigeror,	licet,
desum,	succedo,	deficio*	placet,
præsum,	succumbo,	studeo*	libet,
immineo,	resisto,	antecedo*	expedit,
impendeo,	debeo,	antecello*	convenit,
indulgeo,	blandior,	præsto*	suppetit,
obsto,	auxilior,	illudo*	dolet,
obedio,	assentor,	adulor*	præstat,
obtempero,	medeor,	medicor*	patet,
pareo,	irascor,	præstolor*	liquet,
servio.	ancillor,	moderor*	conducit.

La plupart des verbes neutres gouvernent le datif, et en français ils sont suivis de la préposition à, qui répond à ce cas.

---

deficere.*

se trouve souvent avec l'accusatif.
Me dies, vox, latera deficient. (*Cic.*)

---

studere.*

On trouve quelquefois le régime de ce verbe à l'ablatif avec la préposition in et à l'accusatif avec ou sans cette préposition.
Si quis in ea re studebat. (*Gell.*)
Pictores in id solum student. (*Quint.*)

---

antecedere,*
antecellere,*
præstare.*

se trouvent aussi avec l'accusatif.

Non est inficiandum Hannibalem tanto præstitisse cæteros imperatores prudentia, quanto populus romanus antecedebat fortitudine omnes nationes. (*Nep.*)

---

illudere,*
adulari,*
medicari,*
præstolari,*
moderari,*

sont quelquefois considérés comme des verbes actifs de même qu'en français.

Ipsa vero præcepta sic illudere solebat (*Cic.*)
Nec adulatus, nec admiratus fortunam sum illius. (*Cic.*)
Ego istum medicabor metum. (*Plaut.*)
Quem præstolare Parmeno? (*Ter.*)
Venti et tempestates res rusticas moderantur. (*Cic.*)

INTRANSITIFS qui gouvernent l'ACCUSATIF.

calleo,		Illius sensum pulchre calleo. (*Ter.*)
horreo,		Jam tum judicium horrebas. (*Cic.*)
oleo*		Quod crocum olet unguentum. (*Cic.*)
sapio,		Conchylium sapiunt. (*Plin.*)
decet,		Hæc res me decet.
dedecet,		Te omnia dedecent. (*Cic.*)
latet*		Sed res Hannibalem non diu latuit. (*Just.*)

fallit,		Non te fallit.
fugit,	*ignorer.*	Istud me præterit *ou* fugit.
præterit.		

juvat,	*il fait plaisir.*	Id me juvat. (*Cic.*)
delectat.		Pietas pium delectat.

spectat,	*avoir rapport.*	Hoc ad illum spectat.
attinet.		Attinet ad dignitatem.
pertinet.	*appartenir.*	Id ad te pertinet.

exigent l'acc. avec ad.

olere*

Se trouve aussi avec l'ablatif :
Cur nardo flammæ non oluere meæ ? (*Prop.*)

latet*

Se trouve aussi avec le datif :
Ubi nobis hæc auctoritas tamdiu tanta latuit ? (*Cic.*)

INTRANSITIFS qui gouvernent l'ABLATIF.

abundo.	gaudeo.*	*Les huit verbes marqués d'un astérisque se trouvent aussi avec l'acc. :*
redundo.	mœreo.*	Nunc furit tam gavisos homines suum dolorem. (*Gell.*)
affluo.	doleo.*	Mœreo casum ejusmodi. (*Cic.*)
laboro.	utor.*	Qui meum casum doluerunt. (*Cic.*)
careo.	abutor.*	Quæ volumus uti. (*Ter.*)
vaco.	lætor.*	Operam abutitur. (*Plaut.*)
pascor.	vescor.*	Lætor utrumque. (*Cic.*)
fruor.	fungor.*	Vesci absinthium. (*Plin.*)
glorior.	nitor.	Functus officium. (*Plin.*)
delector.	innitor.	

niti.

L'ablatif de ce verbe se trouve avec ou sans préposition :
Qui nititur hasta. (*Virg.*)
Cujus in vita nitebatur salus civitatis. (*Cic.*)

inniti.

On le trouve aussi avec le datif et avec l'accusatif :
Omnia curæ tutelæque unius innixa. (*Quintil.*)
In Pansam fratrem innixus obiit. (*Plin.*)

VERBES TRANSITIFS.

C'est un principe général que le régime direct de tout verbe actif se met à l'accusatif.

Curæ torquent et lacerant animum. (*Cic.*)
Les soucis tourmentent et déchirent l'âme.

POUR LE RÉGIME INDIRECT :

Il y a des verbes qui le veulent au génitif :

Verrem insimulat avaritiæ. (*Cic.*)

D'autres, au datif :

Salutem tibi iidem dare poterunt qui mihi reddiderunt. (*Cic.*)

D'autres, à l'accusatif :

Silii causam te docui. (*Cic.*)

D'autres enfin, à l'ablatif.

Oculos natura membranis tenuissimis vestivit. (*Cic.*)

TRANSITIFS dont le régime indirect se met au GÉNITIF.

accuso.	postulo.	alligo.	miseret *ou* miseratio tenet.
incuso.	arguo.	astringo.	pœnitet *ou* pœnitentia tenet.
absolvo.	insimulo.	damno.	pudet *ou* pudor tenet.
libero.	convinco.	condemno.	piget *ou* pigritia tenet.
			tœdet *ou* tædium tenet.

Le nom du crime dont on est accusé, absous etc..... se trouve souvent même à l'ablatif avec la préposition de.

Non committam posthac, ut me accusare de epistolarum negligentia possis. (*Cic.*)

Lorsqu'on emploie le génitif, on sous-entend toujours les ablatifs crimine, pæna, nomine, *qui sont quelquefois exprimés.*

Nec ipse alterum ambitus crimine arcesseret. (*Cic.*)

Les 5 unipersonnels ci-dessus veulent à l'accusatif le nom qui en français est leur sujet, et au génitif, la personne ou la chose dont on a compassion, honte, etc....

Miseret te aliorum, tuî te nec miseret, nec pudet. (*Plaut.*)

D'après l'analyse que nous avons faite, on voit que la raison de cette locution est renfermée dans les règles générales concernant l'accusatif et le génitif.

car, miseret te aliorum *équivaut à* miseratio aliorum tenet te.

TRANSITIFS dont le régime indirect est au DATIF.

do, *	reddo,	dono,	polliceor,
tribuo, *	promitto,	augeo,	impertior,
verto, *	trado,	affero,	largior,
duco * *je juge,*	concedo,	gratulor,	furor,
relinquo *	explico.	minor.	imprecor.

Ces verbes sont très nombreux, et ordinairement ils sont suivis même en français de la préposition à qui correspond au datif.

Les cinq premiers verbes marqués d'un astérisque reçoivent quelquefois deux datifs.

Id ne alteri crimini dabis ? (*Cic.*)
Tu nunc tibi id laudi ducis. (*Ter.*)

Donare.

au lieu de donare aliquid alicui,
on dit aussi donare aliquem re aliqua.

Eum Pompejus civitate donavit. (*Cic.*)

Augere

suit la même inversion dans ses régimes.

Ut Syllanos possessores divitiis augeatis. (*Cic.*)

Afferre

est souvent remplacé par afficere *dont les régimes sont soumis à la même loi d'inversion*

Milo populum romanum maxima lætitia affecit (*Cic.*)

Gratulari.

Le nom de la chose dont on se réjouit se met à l'ac. ou à l'abl. avec ou sans prép.

Ei victoriam gratulatur (*Cic.*)
Mihi gratulatus es illius diei celebritate (*Cic.*)
Ut tibi de reditu nostro gratularer. (*Cic*)

TRANSITIFS dont les deux régimes sont à l'ACCUSATIF.

| doceo, * | celo * | interrogo * | flagito * |
| moneo. * | rogo. * | posco. | . . . . . |

Les cinq premiers verbes marqués d'un astérisque ont souvent leur régime indirect à l'ablatif avec la préposition de.

Bassus noster me de hoc libro celavit. (*Cic.*)
Sic ego te vicissim iisdem de rebus interrogem. (*id.*)
Qui de ejus injuriis judicem docerent (*Cic.*)
Ut Terentiam moneatis de testamento. (*Cic.*)

admonere.
commonere.

Ces deux composés de monere veulent leur rég. indir. au gén. ou à l'abl. jamais à l'acc.

De quo vos paulo ante admonui. (*Cic.*)
Grammaticos sui officii commonemus. (*Quint.*)

poscere.
flagitare.

Leur régime indirect se trouve aussi à l'abl. avec les prépositions a, ab, abs.

Flagitat abs te filium. (*Cic.*)

TRANSITIFS dont le régime indirect est à l'ABLATIF.

| induo.* | vestio. | impleo.* | tego. | dignor. |
| exuo.* | onero. | compleo.* | munio. | remuneror. |

induere.
exuere. { *Subissent quelquefois une inversion dans leurs deux régimes.*

Nobis pia ac justa induerunt arma. (*Cic.*) } *au lieu de* { Nos piis ac justis induerunt armis.
Sapientia vanitatem exuit moribus. (*Sen.*) } { Sapientia vanitate exuit mores.

implere. {
complere. { *Ont quelquefois leur rég. ind. au gén. au lieu de l'abl.*
Ollam denariorum implere non potes. (*Cic.*)

VERBES PASSIFS.

Lorsque l'on donne a un verbe actif la forme passive, le sujet et le régime direct subissent une modification très remarquable.

Achilles Hectorem interfecit.
Hector ab Achille interfectus fuit.

On voit par ces exemples:

1°

Qu'Hector, régime direct du verbe actif, devient le sujet du verbe passif et par conséquent son nominatif.

2°

Qu'Achille, sujet du verbe actif même, est destiné à l'ablatif avec la préposition *a* ou *ab*.

Outre ce changement, qui concerne le sujet et le régime direct du verbe actif, il n'y en a pas d'autre lorsque le verbe passe de la forme active à la forme passive.

Le régime indirect ne reçoit aucune altération.

Qui cum esset a Pompeio sententiam rogatus. (*Cic.*)
Sententiam *occupe le même cas que si l'on disait :* Quem cum Pompeius sententiam rogasset.

Au lieu des prépositions a ou ab, on trouve, mais rarement, la préposition per.

Si per prætorem Consules creantur. (*Cic.*)

On trouve aussi le datif au lieu de l'ablatif.

Notantur mihi signa. (*Cic.*)
Vix audior ulli. (*Ovid.*)

En français, tous les verbes transitifs peuvent devenir passifs. En latin, on ne peut faire passifs que les transitifs actifs, car les déponents, quoique de forme passive, n'en ont jamais la nature, et ils conservent leur signification active.

On dit :
Nos Deum precamur.
et non pas :
Deus a nobis precatur.

On trouve les verbes déponents à la manière des passifs, mais c'est très rare.

Hoc restiterat etiam ut a te fictis aggrederer donis. (*Cic.*)
O domus antiqua, quam dispari domino dominaris ! (*id.*)
Uno maleficio scelera omnia complexa esse videntur. (*id.*)

vapulare,	*être battu.*
venire,	*être vendu.*
licere,	*être mis à prix.*

Il n'y a que ces trois verbes qui avec la forme active ont la signification passive. } Egō vapulando, ille verberando usque, ambo defessi sumus. (*Ter.*(Auctio fiet.... venibunt servi, supellex, fundi ædes, omnia ; venibunt quiqui licebunt præsenti pecunia (*Plaut.*)

SUM.

Lorsque ce verbe n'est pas à l'infinitif, il peut avoir :

2 NOMINATIFS. — 1 GÉNITIF. — 1 DATIF. — 2 DATIFS. — 1 ABLATIF.

2 Nominatifs.

Ordinairement le verbe être n'a que le sujet et l'attribut. Cet attribut peut être un adjectif ou un substantif, il se met toujours au même cas que son sujet. } Deus est clemens. Senectus ipsa est morbus. (*Ter.*)

1 Genitif.

Quelquefois il est accompagné d'un génitif qui exprime la propriété ou le devoir. } Fundus est populi romani. (*sous entendu* res. Regis est benefacere. (*sous entendu* munus.)

1 Datif.

Souvent il se trouve au datif, et alors on le rend par le verbe avoir. } Est tibi pater ? (*Hor.*) *As-tu un père ?*

2 Datifs.

On le trouve aussi avec deux datifs, alors on le rend par le verbe causer. } Quæ mihi magnæ molestiæ fuit. (*Cic.*) *Qui me causa un si grand désagrément.*

1 Ablatif.

On le trouve enfin avec un ablatif que l'on fait précéder en français d'une préposition. } Fac animo forti magnoque sis. (*Cic.*) *Fais que tu sois d'une âme forte et grande.*

REMARQUE.

Pour exprimer le devoir, au lieu de dire :

c'est à moi.		meum est.	
c'est à toi		tuum est.	
c'est à lui.	Les Latins disent :	suum est.	on sous entend munus.
c'est à nous.		nostrum est.	
c'est à vous.		vestrum est.	
c'est à eux.		suum est.	

Tuum est hisce rebus consulere. (*Cic.*)

C'est à toi de pourvoir à ces choses.

NOMS RÉGIMES

DES

GÉRONDIFS,   SUPINS,   PARTICIPES.

Les gérondifs, les supins et les participes gouvernent les mêmes cas que les verbes dont ils dérivent.

GÉRONDIFS.

Pour les gérondifs des verbes actifs, au lieu de mettre le régime à l'accusatif, on le met souvent au même cas que le gérondif qui s'accorde comme un adjectif avec le nom.	Inita sunt consilia urbis delendæ, civium trucidandorum…. (*Cic.*) *au lieu de* Inita sunt consilia delendi urbem, trucidandi cives…

SUPINS *en* um.

Le supin en um *est un double accusatif de l'infinitif. Ainsi, dans l'exemple en regard,* emptum *équivaut à* ad emendum *et* locum *est son accusatif.*	Tamen ad istum venerunt emptum locum illum senatorium. (*Cic.*)

SUPINS *en* u.

Le supin en u *ne gouverne jamais aucun cas, étant employé toujours seul.* *Plusieurs prétendent que ces supins soient des noms de la quatrième déclinaison au datif terminé en* u.	Pulchrum visu. Horrendum auditu.

PARTICIPES.

Les participes, ainsi que tout adjectif tiré du verbe, gouvernent en général le même cas que le verbe dont ils dérivent.	Ancus ingenti præda potitus. (*Liv.*) Diu vexati a perditissimis civibus.. (*Cic*) Vir divitiis abundans. Homo naturæ obediens…. (*Cic.*)

PARTICIPES *en* dus-a-um.

1° *Ce participe accompagné du verbe* être *exprime un* devoir, *une nécessité.* 2° *Le nom de celui par qui la chose doit être faite se met au datif.* 3° *Les verbes neutres même sont très souvent employés de la sorte.*	Alieno more vivendum est mihi. (*Ter.*) Omnia sunt excitanda tibi, Caï Cæsar, uni…. (*Cic.*)

NOM RÉGIME D'UN AUTRE NOM.

Le régime d'un nom peut se mettre :

au GÉNITIF,	au DATIF,	à l'ABLATIF *avec ou sans préposition.*

GÉNITIF.

Lorsque *de, du, de la, des*, se trouvent entre deux noms dont le second exprime une détermination, une qualification du premier, ce second nom se met au génitif : il répond ordinairement à un adjectif par lequel il est souvent substitué comme *imperium romanum* au lieu de *imperium romanorum*.	*Ciceronis orationes.* *Sidera cœli.* *Pœna peccati.*

DATIF et ABLATIF.

Si le second nom est subordonné à un autre dérivé de ces verbes qui gouvernent le datif ou l'ablatif avec les prépositions *a, ex* ou *de*, on le met aux mêmes cas.	*Obedientia parentibus.* *Abstinentia a voluptatibus.*

ABLATIF.

Si le second nom exprime la matière dont une chose est faite, on peut le mettre au génitif ou plutôt à l'ablatif, avec les prépositions *de* ou *ex*.	*Templum de marmore ponam.* *Solido ex ære columnæ.* (Virg.)

Si ce second nom indique une qualité bonne ou mauvaise du premier, on peut le mettre au génitif ou à l'ablatif sans préposition en sous-entendant l'adjectif *præditus* ou autre semblable qui exige l'ablatif.	*Neque monere te audeo præstanti prudentia virum.* (Cic.)

Les noms *opus* et *usus* joints au verbe *être* lorsqu'il n'est pas à l'infinitif gouvernent ordinairement l'ablatif qui exprime la chose dont on a besoin ou de laquelle on doit faire usage.	*Auctoritate tua nobis opus est.* (Cic.) *Nunc viribus usus, nunc manibus rapidis.* (Virg.)

GÉNITIF.

Quelquefois pourtant on trouve ces deux noms *opus* et *usus* avec le génitif.	*Lectionis opus est.* (Quint.) *Alii offerunt se, si quo usus operæ sit.* (Liv.)

Observation.

Si la préposition *de* se trouve entre un nom commun et un nom de ville, d'île, de fleuve et de mois, les deux noms se mettent au même cas.	*Urbs Roma. — Insula Cyprus.* *Fluvius Sequana. — Mensis Martius.*

NOMS RÉGIMES D'ADJECTIFS.

ADJECTIFS qui gouvernent le

GÉNITIF.	DATIF.	ABLATIF.

GÉNITIF.

Sciens,
scitus,
conscius,
gnarus,
peritus,
prudens,
inscius,
nescius,
ignarus,
imperitus,
imprudens,
callidus,
rudis,
certus,
incertus,
memor,
immemor,
avidus,
cupidus,
studiosus.

En général tous ceux qui expriment science, ignorance *ou* désir.

Quod immemor beneficiorum, memor patriæ fuisset. (*Cic.*)
Certus sententiæ.
(*Quint.*)
Incertus veri. (*Liv.*)

DATIF.

utilis,	inutilis,
salutaris,	perniciosus,
noxius,	innoxius,
gratus,	ingratus,
jucundus,	molestus,
propitius,	infestus,
fidus,	infidus,
fidelis,	infidelis,
par,	impar,
æqualis,	inæqualis.

En général tous ceux qui expriment avantage, agrément, faveur, fidelité, égalité, *ou le contraire.*

Il faut y ajouter les composés de la préposition *cum.*

consentaneus,	consonus,
concors,	conformis,
concolor,	confinis,
conterminus,	contiguus,
coævus.	coætaneus,

Erat meum consilium, cum fidele Pompeio, tum salutare utrique. (*Cic.*)
Sulpicii mors consentanea vitæ fuit. (*id.*)
Concors sibi. (*Sen.*)

ABLATIF.

dignus, *
indignus,
dives, *
locuples,
opulentus, *
pauper, *
inops, *
plenus, *
vacuus,
inanis,
præditus,
orbus,
onustus,
nudus,
viduus,
immunis, *
contentus.

En général, tous ceux qui expriment mérite *ou* démérite, abondance *ou* disette.
Obviam mitte epistolas te dignas. (*Cic.*)
Lentulus non inops verbis. (*Cic.*)

Ceux qui sont marqués d'un astérisque se trouvent aussi avec un génitif.
Dives pecoris. (*Virg.*)
Pauper argenti. (*Hor.*)
Inops amicorum. (*Cic.*)

Les suivants gouvernent

tantôt le GÉNITIF, tantôt le DATIF.	le DAT. ou l'ACCUS. avec la préposition ad	l'ACCUSATIF. avec ad.	l'ABLATIF. avec a ou ab.

tantôt le GÉNITIF, tantôt le DATIF.

Similis,
dissimilis,
communis
proprius.

Domini similis. (*Ter.*)
Id quidem non proprium senectutis est vitium, sed commune valetudinis. (*Cic.*)
Cæsari proprium ac peculiare fuit. (*Plin.*)

le DAT. ou l'ACCUS. avec la préposition ad

accommodatus,	aptus,
idoneus,	habilis,
ineptus,	inhabilis
pronus,	natus.

Natus abdomini suo non laudi atque gloriæ. (*Cic.*)
Pompeius vir ad omnia summa natus. (*Cic.*)

l'ACCUSATIF. avec ad.

propensus,	proclivis
factus,	alacer,
expeditus	promptus,
paratus,	appositus

Homo appositus ad illius audaciam. (*Cic.*)

l'ABLATIF. avec a ou ab.

diversus, alienus,
tutus, securus,
purus, liber,
degener, exul.

A te totus diversus. (*Cic.*)
Securus a metu somnus. (*Plin.*)

NOMS RÉGIMES DES COMPARATIFS.

Le Comparatif veut à l'ablatif le second terme de comparaison.

Luce sunt clariora nobis tua consilia. (Cic.)
Majora sunt præmiis pericula. (Cic.)

Quelquefois on met ce second terme au même cas que le premier, mais alors il faut exprimer le *que* par *quam*.

Nihilo beatior Jupiter quam Epicurus, dempta æternitate. (Cic.)
Ego callidiorem vidi neminem quam Phormionem. (Ter.)

Lorsque le comparatif fait l'office de partitif, c'est-à-dire, lorsqu'il sert à déterminer un ou plusieurs objets de la même espèce, on ajoute à l'ablatif la préposition *ex*, ou bien onemploie le génitif.

Minorem ex duobus liberis amisit. (Plin.)
Juniores Patrum. (Liv.)

NOMS RÉGIMES DES SUPERLATIFS.

Lorsqu'on exprime l'objet sur lequel on l'emporte, celui-ci se met ordinairement au génitif.

Theophrastus elegantissimus omnium philosophorum et eruditissimus. (Cic.)

Lorsque le superlatif fait l'office de partitif, on trouve, au lieu du génitif, l'ablatif avec les prépositions *e*, *ex*, ou *de*.

Ex his omnibus natu minimus Saturninus. (Cic.)
De tuis innumerabilibus in me officiis erit hoc gratissimum. (Cic.)

On trouve aussi dans le cas ci-dessus l'accusatif avec les prépositions *inter* ou *ante*.

Ipse honestissimus inter suos numerabatur. (Cic.)
Longe ante alios acceptissimus militum animis. (Liv.)

Lorsque dans la phrase il y a un nom subordonné au comparatif ou au superlatif, mais sans être leur terme de comparaison, il a la destination qui lui vient de la nature de l'adjectif.

Mihi nemo est amicior, nec jucundior, nec carior Attico.
Fuit Sextus Ælius juris civilis omnium peritissimus.

NOMS RÉGIMES D'ADJECTIFS NUMÉRAUX

ET DES ADJECTIFS PARTITIFS.

Toutes les fois que, par le moyen des adjectifs numéraux, on veut indiquer particulièrement une chose qui fait partie d'autres objets de la même espèce, on met le nom de ces objets au génitif ou à l'ablatif avec les prépositions *ex* ou *de*.

> *Octoginta Macedonum interfecerunt.* (Cic.)
>
> *Primus vestrûm.* (Liv.)
>
> *Unus fuit de magistratibus defensor salutis meæ.* (Cic.)

Les adjectifs partitifs suivants font le même office que les adjectifs numéraux et par conséquent ils gouvernent aussi le génitif ou l'ablatif avec les prépositions *ex* ou *de*.

Aliquis,   utervis,   plerique,
quidam,   quicunque,   nullus,
uterque,   unusquisque   quis,
quisquis,   nemo,   uter,
quisque,   alteruter,   utercumque
omnes,   quisquam,   quivis,
alter,   uterlibet,   complures.
quispiam,   quilibet,

> *Elephanto belluarum nulla prudentior.* (Cic.)
>
> *Macedonum fere omnibus et quibusdam Andriorum ut manerent persuasit.* (Liv.)
>
> *Quidam e philosophis faciendum omnino non putabant.* (Cic.)
>
> *Permitto ut de tribus Antoniis eligas quem velis.* (Cic.)

NOMS RÉGIMES DE PRÉPOSITIONS.

Les prépositions latines se divisent en deux classes :

La première gouverne l'accusatif,
La seconde gouverne l'ablatif.

PRÉPOSITIONS qui gouvernent l'ACCUSATIF.

ad.	adversum,	adversus.	ante.
apud.	circa.	circûm.	cis.
citra.	contra.	erga.	extra.
infra.	inter.	juxta.	ob.
penes.	per.	pone.	post.
præter.	prope.	propter.	secundum.
secus.	supra.	trans.	ultra.
	versus.		

PRÉPOSITIONS qui gouvernent l'ABLATIF.

a.	ab.
abs.	e.
ex.	absque.
sine.	clam.
coram.	cum.
de.	præ.
pro.	

IN.

Cette préposition gouverne l'ablatif		*Observations.*
Lorsqu'elle indique **l'Endroit, l'Etat, la Condition,** *ou l'on se trouve.*	Cum Quæstor in Sicilia fuissem. (*Cic.*) In armis erant. (*Liv.*) In sua potestate esse. (*Liv.*)	*Si les noms de villes ou de villages sont au singulier et de la 1ᵉ ou 2ᵉ déclinaison, on les met au génitif.* — Egnatius Romæ est. (*Cic.*)
Avec les noms qui expriment **Le Temps**	Decem horis nocturnis sex et quinquaginta millia passuum cisiis pervolavit. (*Cic.*) Hora nona accubueram. (*Cic.*)	*S'ils sont au pluriel ou à la 3ᵉ déclinaison, on les met a l'ablatif, sans préposition.* — Babylone paucis post diebus Alexander mortuus est. (*Cic.*) / Cum Athenis splendidissima civitate natu esset. (*Corn. Nep.*)
La Distance. *ou* **En quoi une chose l'emporte sur une autre.**	Eodem die castra promovit et millibus passuum sex a Cæsaris castris sub monte consedit. (*Ces.*) Publius Scipio omnes sale facetiisque superabat. (*Cic.*)	*Rus. se met à l'ablatif sans préposition.* — Ruri agere vitam. (*Ter.*)

Dans ces cas la préposition in est ordinairement supprimée.

Humus domus militia bellum se mettent ordinairement au génitif.
— Jacere humi. (*Cic.*) / Una semper et militiæ et domi fuimus. (*Ter*) / Quibuscumque rebus vel domi vel belli poterunt. (*Cic.*)

Les noms qui expriment le temps se trouvent quelquefois à l'accusatif.
— Sex annos antequam ego natus sum. (*Cic.*) / Triennium ante legitimum tempus. (*id.*) / Octoginta regnavit annos centum et viginti vixit. (*Cic.*)

AD et IN.

		Se suppriment devant	
Ces deux préposi- tions gouvernent l'acc. quand il s'agit d'un mouvement physique ou moral.	*Ex :* Ad quos honores vos pervenistis. *(Cic.)* — In Italiam perveni- mus. *(Cic.)*	1° *Les noms de villes et de villages.* 2° Domus *et* rus. 3° *Lorsque le verbe qui exprime le mouvement renferme une de ces deux prépositions.*	*Ex :* Brundusium venit. *(Ces.)* — Dyrrachium profectus est. *(Ces.)* — Domum reversus est. — Rus ibo. *(Ter.)* — Eum locum adire. *(Cic.)* — Cum noctu urbem hostium invasisset. *(Cic.)*

Elles s'emploient devant les noms

D'ILES, **DE PROVINCES,** **DE ROYAUMES.**

Exemples contraires aux principes ci-dessus :

Eodem tempore D. Lelius cum classe ad Brundusium venit.
Cassius ad Messanam navibus advolavit. *(Ces.)*

Ibitis Italiam. *(Virg.)*
Navigare Cyprum. *(Liv.)*

Cœteri hœredes adeunt ad Verrem. *(Cic.)*
In Galliam invasit Antonius. *(Cic.)*

AD.

S'emploie aussi pour exprimer le but.

Dices nummos mihi opus esse ad apparatum triumphi. *(Cic.)*
Ad multa medicamenta utile. *(Plin.)*

IN.

S'emploie aussi au lieu des prép. contra et erga, contre vers.

In improbos populum inflam- mare. *(Cic.)*
In milites liberalis. *(Cic.)*

SUB, SUBTER, SUPER.

Lorsqu'il s'agit d'un mouvement, ces trois prépositions gouvernent ordinairement l'accusatif.	}	*Augusti subter fastigia tecti Æneam duxit.* (Virg.) *Super Garamantes et Indos proferet imperium.*
Quand il ne s'agit pas de mouvement, elles gouvernent l'ablatif.	}	*Sub ilice consederat.* *Sed super hac re nimis.*
Dans ce dernier cas on trouve aussi l'accusatif.	}	*Sub eas recitatæ sunt tuæ.* *Plato cupiditatem subter præcordia locavit.* *Super eam assidere.*

A, AB, ABS, E, EX, DE.

Ces six prépositions ont toutes la même signification : elles équivalent aux prépositions françaises *de* ou *par.* Il y a pourtant quelques différences dans leur emploi.

A. E.

On s'en sert devant les noms qui commencent par une consonne.	}	*A Patre.* *E numero.*

AB. EX.

Sont employées lorsque le nom commence par une voyelle ou un *h.*	}	*Ab Occidente. — Ex Oriente.* *Ab* ou *Ex homine.*

ABS.

Ne s'emploie qu'avec très peu de mots.		*Abs te. — abs re.*
Avec les verbes passifs l'ablatif doit toujours être précédé par *a* ou *ab,* jamais par *e* ou *ex.*	}	*Hector ab Achille interfectus fuit* et non pas *ex Achille.*
Avec les verbes qui signifient *diviser, séparer, éloigner, ôter, demander, recevoir,* l'ablatif demande plutôt *a* ou *ab* que *e* ou *ex.*	}	*Ab eo divellere te non potui.* (Cic.)
Avec ceux qui expriment *tirer dehors, chasser, former, composer,* l'ablatif est plutôt accompagné des prépositions *e* ou *ex.*	}	*Pellere ex urbe.* *E fundo eruere.*

DE.

Equivaut quelquefois à la préposition *ab*, mais ordinairement elle signifie *relativement à, quant à.*	*De medio tollere.* *Agitur de summa rerum.* (Cic.) *De lanificio neminem timeo* (Plaut)
Lorsqu'il s'agit de départ ou d'éloignement, le nom de l'endroit d'où l'on s'éloigne, se met à l'ablatif avec une des prépositions en regard.	*A, ab, e, ex, de.*
On supprime la préposition devant les noms de villes et de villages, ainsi que devant *domus* et *rus.*	*Accepi Roma fasciculum litterarum.* (Cic.) *Video ruro redeuntem senem.* (Ter.) *Legatus domo missus.* (Cic.)

PER.

AVEC L'ACCUSATIF.

S'emploie pour exprimer 1° le passage ou la dispersion par plusieurs endroits.	*Pompeius per Candaviam iter in Macedoniam expeditum habebat.* (Cæs.)
(Et dans ce premier cas au lieu de l'accusatif on se sert souvent de l'ablatif sans préposition.)	*Si iter Appia via faceres.* (Cic.) *Et nunc tota Asia vagatur.* (Cic.)
2° Le moyen, l'organe.	*Per vos vitam et famam potest obtinere.* (Cic.)
3° La continuation du tems.	*Per biduum.*
4° S'emploie aussi dans les priéres et dans les sermens.	*Obsecro vos per deos immortales.* (Cic.)

OB.

Signifie tantôt *à cause de,* tantôt *devant.*	*Ob merita.* *Ob oculos.*

PROPTER.

Signifie tantôt *à cause de,* tantôt *près de.*	*Si propter partium studium potens erat Alphenus.* (Cic.) *Legibus propter metum parere.* (id) *Fluvius Eurotas qui propter Lacedemonem fluit.*

PRO.

Signifie tantôt *à cause de*,

ou *à l'égard de*,

Tantôt, *au lieu de*,

Tantôt, *en faveur de*.

Dans ce dernier cas on se sert aussi du datif.

Quem omnes amare pro ejus eximia humanitate debemus. (Cic.)

Quibus inertia pro sapientiâ fuit. (Tac.)

Hoc non modo non pro me sed contra me est. (Cic.)

Quidquid valebo, valebo tibi. (id.)

Tibi aras, tibi occas, tibi seris, tibi eidem metis. (Plaut.)

PRÆ.

Signifie tantôt *à cause de*,

Tantôt *en compdraison de*,

Tantôt *devant*.

Enfin pour exprimer la cause de quelque chose, on emploie souvent l'ablatif sans aucune préposition, mais on sous-entend *præ* ou *pro*.

Non Hercule præ lacrymis possum reliqua scribere. (Cic.)

In quibus utilitatis species præ honestate contemnitur. (Cic.)

Præ se armentum agens. (Liv.)

Vestra culpa hæc acciderunt. (Cic.)

CUM.

Tantôt signifie compagnie, et dans ce cas elle est exprimée.

Tantôt l'instrument, le moyen, la manière : dans ces cas elle se supprime.

On trouve pourtant des exemples contraires.

Cum Pompeio eras. (Cic.)

Hisce oculis egomet vidi. (Ter.)

Semper magno cum metu dicere incipio. (Cic.)

CLAM.

Gouverne à volonté l'accusatif et l'ablatif.

Clam patrem et *clam patre.*

USQUE.

Lorsque cette préposition indique le point où une chose commence, elle est accompagnée par *a*.

Lorsqu'elle indique le point où une chose finit, elle est accompagnée par *in* ou *ad*.

Usque a Romulo.

Usque ad hoc tempus. — *Usque in finem.*

TENUS.

Gouverne le génitif lorsque le nom est an pluriel; l'ablatif, quand le nom est au singulier.

Cumarum tenus illi rumores caluerunt. (Cic.)

Capulo tenus abdidit ensem. (Virg.)

VERSUS.

Gouverne toujours l'accusatif, et on la met après le nom.

Romam versus.

NOMS RÉGIMES DES ADVERBES.

SATIS, ABUNDE, AFFATIM, NIMIS, PARUM, INSTAR, PARTIM, ERGO, HUC, EO.

Ces dix adverbes peuvent gouverner un génitif quelconque.	*Satis eloquentiæ, sapientiæ parum.* (Sall.) *Victoriæ navalis ergo.* (Liv.) *Huc dementiæ.* (Ter.)

UBI, UBINAM, UBICUMQUE, UBIVIS, QUOVIS, QUOQUO, NUSQUAM, LONGE.

Ne se joignent que aux génitifs *terrarum* et *gentium.*	*Ubi terrarum esses ne suspicabar quidem.* (Cic.) *Ubinam gentium sumus ?* (Cic.)

TUNC.

Se joint au génitif *temporis* pour signifier dans ce tems-là.	*Sed de gente obcura tunc temporis Persarum.* (Justin.)

PRIDIE, POSTRIDIE.

Gouvernent tantôt le génitif, tantôt l'accusatif.	*Pridie ejus diei venit* (Cic.) *Postridie ludos Apollinares.* (Cic.

CONVENIENTER, CONGRUENTER, OBVIAM.

Gouvernent le datif.	*Convenienter, congruenterque naturæ vivere.* (Cic.) *Cæsari obviam processistis.* (Cic.)
Les adverbes de comparaison gouvernent eux aussi l'ablatif.	*Nemo est qui sapientius tibi suadere possit te ipso.* (Cic.)
Les adverbes au superlatif gouvernent le génitif, ou bien l'ablatif avec la préposition *ex.*	*Audio illum omnium fere oratorum loqui elegantissime.* (Cic.) *Piso maxime ex omnibus, qui ante fuerunt græcis doctrinis eruditus.*

PLUS MINUS.

Ces deux adverbes, tantôt gouvernent l'ablatif; tantôt ils ont pour corrélatif la conjonction *quam* exprimée ou sous-entendue, et ils laissent le nom au cas qui convient au reste de la phrase.

Cave putes plus me quemquam cruciari. (Cic.)

Homini misero plus quingentos colaphos infregit mihi. (Ter.)
Aberat eorum acies paulo plus quingentos passus. (Liv.)

PROCUL.

Se trouve tantôt avec l'accusatif, en sous-entendant la préposition *ad*.

Procul urbem, procul muros.

Tantôt avec l'ablatif avec la préposition *a* exprimée ou sous-entendue.

Procul a nobis. (Cic.)
Procul dubio.

PROPE, PROPIUS, PROXIME.

Gouvernent ordinairement l'accusatif.

Prope urbem. (Cic.)
Propius urbem moventur. (id.)
Habere exercitum quam proxime hostem.

ABHINC, ANTE, POST.

Lorsqu'ils sont employés comme des adverbes de tems, ils laissent le nom du tems à l'accusatif, ou à l'ablatif, de même que si ces adverbes n'existaient pas dans la phrase.

Horum pater abhinc duos et viginti annos est mortuus. (Cic.)
Quo tempore? abhinc annis quindecim. (Cic.)
Paucis post diebus. — *Biduo ante.* (Cic.)

EN, ECCE.

Tantôt accompagnent un nominatif en sous-entendant *adest*.

Ecce nova turba atque rixa. (Cic.)

Tantôt accompagnent un accusatif en sous-entendant *video*, ou un autre verbe semblable.

Ecce miserum hominem. (Cic.)

Quelquefois, pour donner à la phrase un tour gracieux, on y ajoute le datif.

Cum hæc scriberem, ecce tibi Sebosus.

OBSERVATIONS SUR LES CONJONCTIONS.

Les conjonctions ne gouvernent d'elles mêmes aucun cas; car elles ne sont destinées qu'à lier les propositions.

Pourtant, lorsque dans une proposition complexe, plusieurs noms sont subordonnés à un même verbe, ou à un même adjectif etc., ils se mettent tous au même cas.	*Quid de pratorum viridate, aut arborum ordinibus dicam P* (Cic.) *Nec mihi, nec tibi, similis.*

EXCEPTION.

On doit excepter ces circonstances où, par d'autres motifs, les cas doivent être différens.	*Et Romæ et Athenis fui.*

NOMS RÉGIMES DES INTERJECTIONS.

OH.

Exprimant la joie, admet également l'accusatif et le nominatif.	*Oh me felicem!* (Prop.) *Nox oh mihi candida!* (Prop.)
Exprimant la douleur, gouverne ordinairement l'accusatif.	*Oh me perditum! oh me afflictum!* (Cic,)

PROH.

Se trouve avec Le nominatif, L'accusatif, Le vocatif,	*Proh dolor!* (Liv.) *Proh deûm hominumque fidem!* (Cic) *Proh sancte Jupiter!* (Cic.)

HEU.

Se trouve avec Le nominatif, Le datif, L'accusatif,	*Heu pietas.* (Virg.) *Heu misero mihi!* (Plaut.!) *Heu me miserum!* (Cic.)

HEI, VÆ.

Gouvernent le Datif. *Hei* employé pour appeler veut le vocatif.	*Hei misero mihi! væ misero mihi!* (Ter.) *Hei megadore!* (Plaut.)

Verbe soumis à l'accord avec son sujet.

Le verbe s'accorde toujours en personne et en nombre avec le sujet de la proposition.

> *Ego amo.*
> *Tu amas.*
> *Multi amant.*

Si dans la proposition il y a plusieurs noms qui servent de sujet, le verbe se met ordinairement au pluriel, quoique chaque nom soit singulier.

> *Hic nobiscum sunt Nicias et Valerius.* (Cic.)

Il y a pourtant, dans les auteurs du bon siècle, des exemples contraires.

> *Mens et ratio et consilium in senibus est.* (Cic.)

Si le verbe a plusieurs sujets de personnes différentes, il s'accorde avec la première plutôt qu'avec la seconde, avec celle-ci plutôt qu'avec la troisième.

> *Si tu, et Tullia lux nostra valetis, ego et suavissimus Cicero valemus.* (Cic.)

Avec les noms collectifs comme *populus, exercitus, turba,* les latins mettaient souvent le verbe au pluriel.

> Virgile dit :
> *Turba ruunt,*
> au lieu de
> *Turba ruit,*

VERBES GOUVERNÉS PAR D'AUTRES VERBES.

Quand un verbe est subordonné à un autre verbe, les latins emploient souvent le subjonctif lorsque nous nous servons de l'infinitif, et l'infinitif quand nous employons le subjonctif, ou l'indicatif.

> Je t'engage à vivre.
> *Hortor ut vivas.*
> Je crois qu'il est venu.
> *Credo eum venisse.*

Cependant, le mode que les latins employaient le plus souvent, dans les verbes gouvernés par d'autres verbes, était l'infinitif.

Il n'y a qu'un petit nombre de verbes qui gouvernent ordinairement un subjonctif précédé des conjonctions *ut* ou *ne* (que, que non.)

Tels sont les verbes qui expriment

| Demande,
Prière,
Instance. | *comme* | Petere,
Poscere,
Postulare,
Orare,
Rogare,
Precari,
Obsecrare,
Obtestari,
Flagitare,
Instare,
Insistere. | *Obsecro te ut mihi ignoscas.* (Plaut.) |

Ceux qui expriment

| Exhortation,
Avertissement,
Ordre,
Permission. | *comme* | Hortari,
Suadere,
Monere,
Imperare,
Mandare,
Præcipere,
Sancire,
Edicere,
Instituere,
Permittere,
Sinere,
Concedere. | *Debebunt Pompeium hortari, ut sit amicus.* (Cic.) |

Ceux qui expriment

| Volonté,
Désir,
Effort,
Empressement. | *comme* | velle,
nolle,
malle,
cupere,
optare,
desiderare,
contendere,
niti,
laborare,
curare,
studere,
operam dare. | *Cura ut valeas.* (*Cic.*) |

Ceux qui expriment

| Accident *ou* Événement quelconque. | comme | accidere, evenire, contingere, usuvenire, fieri. | Accidit, contingit, factum est ut simul ambo discederent. |

———

| | facere, agere, consequi, | efficere, assequi, impetrare, | Feci atque effeci omni obsequio, ut neutri illorum esset quisquam me earior. (*Cic.*) |

———

| vereri, timere, metuere. | *Avec ces trois verbes on se sert de* ut *lorsque l'on craint que ce qu'on désire n'arrive pas.* *On se sert de* ne *lorsqu'on craint qu'il arrive ce que l'on ne veut pas.* | Vereor ut placari possit.. (*Ter.*) Vereor ne quid Andria apportet mali. (*Ter.*) |

———

| dubitare. | *Ce verbe précédé d'une négation gouverne le subjonctif avec* quin. | Non dubito quin mirere. |

| | *On le trouve aussi avec l'infinitif.* | Non dubito fore plerosque. (*Nep.*) |

———

| impedire, obstare, prohibere, * interpellare, * | Gouvernent le subjonctif avec les conjonctions *Quominus* ou *ne*. Les deux derniers, marqués de l'astérisque, se trouvent aussi avec l'inf. | *Ne facerem impedivit.* (Cic.) *Obstitisti ne transire in Siciliam possent.* (Cic.) *Lacrymæ impediunt loqui.* (Ovid.) *Plura scribere fletu prohibeor.* (Cic.) |

RÈGLE POUR LE CHOIX DU SUBJONCTIF.

Lorsque deux verbes se suivent, si le premier est au présent, au futur, ou à l'impératif, le deuxième se met au présent du subjonctif.

Je tâche d'apprendre, *curo ut discam.*
Je tâcherai d'apprendre, *curabo ut discam.*
Tâche d'apprendre *cura ut discas.*

Si le premier verbe est à l'un des trois parfaits, on met le deuxième à l'imparfait du subjonctif.

Je tâchais d'apprendre, *curabam ut discerem.*
Je tâchai d'apprendre, *curavi ut discerem.*
J'avais tâché d'apprendre, *curaveram ut discerem.*

Dans les deux cas, le régime du premier verbe se met au nominatif avec lequel le subjonctif s'accordera en nombre et en personne.

Hors les cas mentionnés ci-dessus, lorsqu'un verbe en gouverne un autre, le dernier se met à l'infinitif.

On se sert de l'infinitif présent, lorsque les deux verbes expriment une action simultanée, soit présente ou passée.

Je crois qu'il vient. *Credo illum venire.*
Je croyais qu'il venait. *Credebam illum venire.*

On se sert de l'infinitif passé, lorsque le verbe gouverné exprime un événement antérieur à celui de l'autre verbe.

Je crois qu'il est venu. *Credo eum venisse.*
Je croyais qu'il était venu. *Credebam eum venisse.*

On se sert de l'infinitif futur, lorsque le verbe gouverné exprime un événement postérieur à celui de l'autre verbe.

Je crois qu'il reviendra demain. *Credo eum cras rediturum esse* (ou *rediturum.*)
Je croyais qu'il serait revenu hier. *Credebam illum hesterna die fuisse rediturum.*

Nota 1. Lorsqu'il s'agit du premier futur, on peut supprimer l'auxiliaire *esse*, et employer le participe futur tout seul.

Perspiciebant consules in hortensů sententiam multis partibus plures ituros. (Cic.)

Lorsqu'il s'agit du futur passé, on ne doit pas supprimer l'auxiliaire *fuisse.*

Quid arbitramur illos in re vera fuisse facturos ? (Cic.)

Nota 2me. Lorsqu'un verbe n'a pas de futur à l'infinitif,

S'il s'agit du premier futur, on mettra le verbe au présent du subjonctif précédé de *fore ut* ou *futurum esse ut.*

S'il s'agit du futur passé, on mettra le verbe à l'imparfait du subjonctif précédé de *futurum ut* ou *futurum fuisse ut.*

Me constantiæ puto fore ut nunquam pœniteat. (Cic.)

Nunquam putavi futurum ut puter meus liberos odisset. (Seneq.)

VERBES GOUVERNÉS PAR DES CONJONCTIONS.

ut,
quo,

ne,
utne.

signifiant

{ *afin, pour que,*

afin que ne, pour que ne,
Exigent le subjonctif qui est gouverné par ces conjonctions et non par le verbe qui les précède.

Cursorem miserunt ut nuntiaret. (*Nep.*)

Arcem circumdederunt ne qua spes in fuga relinqueretur. (*Ces*)

---

ut,

corrélatif de
tam, adeo, sic, ita.
gouverne aussi le subjonctif.

Recordatione nostræ amicitiæ sic fruor, ut beate vixisse videar quia cum Scipione vixerim. (*Cic.*)

---

ut,

signifiant
quand, comme, apres que,
veut l'indicatif.

Ut vidi, ut perii ! (*Virg.*)

---

dummodo,
dum,
modo,
ubi.

signifiant pourvu que ,
Ces conjonctions conditionnelles gouvernent le subjonctif.

Dummodo valeam
ou
dum, modo, ubi valeam.
pourvu que je puisse.

---

dum,

signifie quelquefois jusqu'à ce que, et il gouverne alors le subjonctif.

Expectabo dum veniat. (*Ter.*)

---

dum,

signifie ordinairement tandis que, et il gouverne le plus souvent l'indicatif.

Dum calceantur. (*Plin.*)

Dumne,	Signifie *pourvu que ne*, et il gouverne aussi le subjonctif.	*Interpellent me quominus honoratus sim, dumne interpellent quominus respublica a me administrari possit.* (Cic.
Si, ni, nisi,	Gouverne tantôt l'indicatif, tantôt le subjonctif.	*Si illum relinquo, ejus vitæ timeo, sin opitulor, hujus minas.* (Ter.) *Ni restituissent statuas.* (Cic.)
Antequam, Priusquam.	Gouvernent l'indicatif et le subjonctif, mais plus souvent le premier.	*Antequam pro Muræna dicere instituo.* (Cic.) *Antequam de republica dicam.* (Cic.)
Postquam ou *Posteaquam,*	Se trouvent ordinairement avec l'indicatif.	*Posteaquam aram, sedemque invenit, obmutuit.* (Cic.)
Quamquam, Quamvis, Etsi, Tametsi, Etiamsi.	Se trouvent, dans les auteurs latins, tantôt avec l'indicatif, tantôt avec le subjonctif.	*Quamquam gratiarum actionem a te non desiderabam.* (Cic.)
Licet.	Se trouve toujours avec le subjonctif.	
Quamvis, Etiamsi,	On voit quelquefois à leur place les conjonctions *ut* et *si.*	*Ut summu haberem cætera, temporis quidem certe vix satis habui.* (Cic. *Redeam ? non, si me obsecret.* (Ter.)
Cum	Signifiant, *Quand, lorsque,* gouverne ordinairement l'indicatif.	*Cum Collatino collegæ Brutus imperium abrogabat.* (Cic.) *Fuit quoddam tempus, cum in agris homines passim bestiarum more vagabantur.* (Cic.)
	Signifiant, *puisque, vu que, comme,* régit toujours le subjonctif.	*Cum videam — cum id velis, cum id volueris.*

VERBES faisant l'office de NOMS.

Les iufinitifs des verbes, ainsi que les gérondifs, équivalent à des noms, et, dans les propositions où ils se trouvent, tantôt ils jouent le rôle de sujet, tantôt, gouvernés par d'autres verbes ou par d'autres parties du discours, ils reçoivent la même destination que les noms.

Infinitif.		Nominatif ou sujet d'un verbe.	*Vivere dulce est.*
		Accusatif ou régime direct d'un verbe.	*Cupio beate vivere.*
Gérondif.	GEN.	Régime d'un nom.	*Efferor studio patres vestros videndi.* (Cic.)
		Régime d'un adjectif.	*Sum cupidus te audiendi.* (Cic.)
	DAT.	Régime de verbe.	*Epidicum quærendo operam dabo.* (Plaut.)
		Régime d'adjectif.	*Charta inutilis scribendo.* (Plin.)
	ACC.	Régime de prépositions.	*Pecuniam ob absolvendum acceperis.* (Cic.) *Plus eloquentia circa movendum valet.* (Quint.) *Ante domandum ingentes tollent animos.* (Virg.) *Inter spoliandum.* (Liv.)
	ABL.	Régime de préposition *exprimée ou sous-entendue.*	*Quid cogitas de transeundo in Epirum....* (Cic.) *Nihil me deterret a scribendo.* (Liv.) *In scribendo impiger.* (Cic.) *Ratio recte scribendi juncta cum loquendo est.* (Quintil.) *Plorando defessus sum.* (Cic.) *Quis talia fando temperet a lacrymis ?* (Virg.)

Observations.

1.

Le gérondif en *di*, qui tient la place du génitif, peut être gouverné comme les noms par des substantifs et par des adjectifs.

2.

Le gérondif en *do* peut être DATIF OU ABLATIF. Comme datif, il est gouverné par des verbes ou par des adjectifs qui veulent ce cas.

3.

Comme ABLATIF, il peut être gouverné par des prépositions exprimées ou sous - entendues, comme nous l'avons vu.

4.

Le gérondif en *dum* accusatif, est gouverné le plus souvent par la préposition *ad*, et il se trouve ainsi employé dans toutes les circonstances où cette préposition accompagne le nom comme

1° Avec les verbes qui expriment mouvement physique ou moral comme *ire, venire, mittere, ducere, traducere, cogere, impellere, hortari, allicere, invitare.*

> *Iidem traducti a disputando ad dicendum inopes reperiuntur.* (Cic.)

Le gérondif en *dum* peut être substitué par le supin en *um*, mais cela ne peut se faire qu'après les verbes indiquant mouvement physique comme *ire, venire, mittere, redire.*

> *Græcis servitum matribus ibo.* (Virg.)
>
> *Legatos ad Cæsarem mittunt rogatum auxilium.*

2° Avec les adjectifs *facilis, difficilis, paratus, promptus, expeditus, idoneus, aptus.*

> *Conturbatus animus non est aptus ad exequendum munus suum.* (Cic.)

3° Toutes les fois que l'on veut exprimer en quoi une chose est utile ou le but que l'on a.

> *Quanta instrumenta habeat ad obtinendam adipiscendamque sapientiam.* (Cic.)

5.

5° Les gérondifs ont ordinairement la signification active ou neutre. On les trouve pourtant employés en signification passive.

> *Arymbas Athenas erudiendi gratia missus.* (Just.)
> *Memoria, excolendo, sicut alia omnia augetur.* (Quint.)
> *Aqua bituminata, aut nitrosa utilis est bibendo.* (Plin.)

6.

Les adjectifs suivans sont souvent accompagnés par le supin en *u*. *Facilis, difficilis, pulcher, horrendus, jucundus, mirabilis.*

Horrendum visu. (Virg.)
Mirabile dictu. (id.)

7.

Au lieu de tous ces gérondifs on trouve plusieurs fois à l'imitation des Grecs, surtout dans les poëtes, le simple infinitif comme en français.

Glandes nunc stringere tempus, (Virg.
au lieu de *stringendi.*

Celerem sequi Ajacem. (Hor.)
au lieu de *in sequendo.*

NOMS, PRONOMS et ADJECTIFS mis d'accord
entre eux.

NOM et ADJECTIF.

L'adjectif s'accorde avec son substantif en genre, en nombre et en cas.

Vir bonus,
Parva scintilla,
Magnum incendium.

Si l'adjectif se rapporte à plusieurs substantifs singuliers du même genre, il se met au pluriel.

Hippocrates et Epicides nati Carthagine, sed oriundi ab Syracusis. (Liv.)

Lorsque les subtantifs sont de différent genre, s'il s'agit de choses animées, l'adjectif s'accorde avec le genre le plus noble. (Le masculin est plus noble que le féminin; ce dernier est plus noble que le neutre.)

Cum Pater, et mater mortui essent. (Ter.)

S'il s'agit de choses inanimées, il peut s'accorder

1° Avec le dernier substantif;

Tibi omnium salutem, liberos, famam, fortunas esse carissimas. (Cic.)

2° Ordinairement on le met au pluriel neutre;

His Genus, Ætas eloquentia prope paria fuere. (Sall.)

Divitiæ, decus, gloria in oculis sita sunt. (Sall.)

3° Il peut aussi s'accorder avec le genre le plus noble.

Leges, et plebiscita coactæ. (Luc.)

Lorsque l'adjectif ne se rapporte à aucun nom précédent, il se met au neutre ; on y sous-entend *negotium*, qu'anciennement signifiait *res*.

Triste lupus stabulis.

Nota.

Lorsque le substantif fait l'office d'adjectif, c'est-à-dire qu'il qualifie un autre substantif, on doit mettre les deux noms au même cas.

Petrus agricola.
Ab Hannibale duce.
Ciceroni oratori.

NOM et PRONOM.

Le pronom subit les mêmes lois que l'adjectif, il s'accorde en genre, en nombre et en cas avec le nom dont il évite la répétition.

Pour ne pas se tromper il faut considérer ce nom répété deux fois dans la phrase, et n'accorder le pronom qu'avec le dernier ; car, c'est la place de ce second nom que le pronom occupe, et non pas celle du premier.

Il y a bien des cas, surtout dans César, où le nom est répété.

Bellum tantum, quo bello omnes premebantur, Pompeius confecit. (Cic.)

Ultra eum locum, quo in loco Germani consederant. (Ces.)

Ce principe étant ainsi posé, si le pronom se rapporte à deux noms singuliers du même genre, il se met au pluriel.

Lupus et agnus quorum.......

Si les substantifs sont de différens genres, et s'ils représentent des choses animées, le pronom s'accorde avec le plus noble.

Pater et mater qui me amant.

S'il s'agit de choses inanimées, on trouve ordinairement le pronom au pluriel neutre.

Virtus et vitium quœ.......

On le trouve aussi accordé avec le plus noble.

Quid de vitibus olivetisque dicam, quarum uberrimi fructus. (Cic.)

Tout ce que nous avons dit du pronom *qui, quœ, quod,* s'entend également de tous les autres pronoms, car ils jouent le même rôle dans les phrases, et par conséquent il faut qu'ils soient soumis aux mêmes lois.

Mendacium dedecorat, ergo illud vitate.

Vidi mancipium et illud excepi.

ABLATIF ABSOLU.

Lorsque l'on veut exprimer dans une pro-position une chose arrivée *avant, pendant* ou *après* celle dont il s'agit, au lieu de se servir d'un verbe au présent, au passé et au futur, on emploie souvent un participe mis à l'ablatif, en le faisant accorder avec le nom auquel il appartient.

Nostri acriter in hostes, signo dato, impetum fecerunt. (Cés.)
Virtutes jacere omnes, necesse est, voluptate dominante. (Cic.)

Au lieu d'un participe, on ajoute quelquefois au nom, un autre nom faisant l'office d'adjectif.

Omnia summa consecutus es, virtute duce, comite fortuna. (Cic.)

Tous ces ablatifs, on les appelle absolus, parcequ'ils sont indépendans des autres parties de la proposition ; car, ni le participe ni le nom n'ont aucune relation de syntaxe avec les mots de la phrase principale.

A la rigueur ils sont subordonnés à des prépositions sous-entendues qui les régissent.

Voluptate dominante
Equivaut à
Sub voluptate dominante.
Virtute duce, comite fortuna.
Equivalent à
Cum virtute duce, cum fortuna comite.

FIN.